विश्व रिकॉर्ड धारक
अंतरराष्ट्रीय साहित्यिक मंच
KB Writers
की प्रस्तुति

संगम वाटिका

साझा ग

AF833940

सम्पादक

मिथिलेश तिवारी, संजय कुमार राव,
चन्दन केशरी

www.kbwriters.com

KB Writers

बाबुबाँक, झाझा, जिला - जमुई (बिहार) 811308
website :- www.kbwriters.com
email :- kbwritersofficial@gmail.com
Call :- 8873000900

चन्दन केशरी
संस्थापक एवं संपादक

कुन्दन केशरी
अध्यक्ष एवं संचालक

मिथिलेश तिवारी
संपादिका

संजय कुमार राव
संपादक

हमारी विशेषताएँ

- विश्व रिकॉर्ड धारक साहित्यिक मंच
- 47 से अधिक देशों से हमारे पाठक
- 10 से अधिक देशों से हमारे रचनाकार
- जुलाई 2020 से निरंतर कार्यरत
- विभिन्न पुस्तकें प्रकाशित

प्रकाशन वर्ष :- 2024

प्रस्तावना

प्रिय साथियों,

के० बी० राइटर्स अंतरराष्ट्रीय साहित्यिक मंच की पुस्तक "संगम वाटिका" आप सभी के सम्मुख प्रस्तुत है। इस पुस्तक में कुल 62 रचनाकारों की रचनाएँ सम्मिलित हैं। इस संग्रह के संपादक मिथिलेश तिवारी, संजय कुमार राव व चन्दन केशरी हैं।

इस पुस्तक में संकलित रचनाएँ समृद्ध, सुंदर और प्रेरणादायक हैं। पुस्तक में प्रकाशित सभी रचनाएँ प्रेम, प्रकृति, जीवन, समाज, धर्म, राष्ट्र आदि विविध विषयों पर लिखी गई हैं। सभी रचनाएँ अलग-अलग विषयों पर लिखी जाने के कारण यह पुस्तक आपको अवश्य पसंद आएगी।

"संगम वाटिका" एक साझा गद्य-पद्य संग्रह है जो हर उम्र के पाठकों को अपनी ओर आकर्षित करती है। इस पुस्तक में विभिन्न प्रकार की भावनाओं का समावेश है।

हमें आशा है कि आप सभी इस पुस्तक को भी वैसा ही प्यार और आशीर्वाद प्रदान करेंगे जैसा हमारी अन्य पुस्तकों, त्रैमासिक पत्रिका एवं विशेषांकों को देते आए हैं। आपके बहुमूल्य व महत्वपूर्ण सुझावों एवं समीक्षाओं की हमें सर्वदा प्रतीक्षा रहेगी।

धन्यवाद

सम्पादकीय

समग्र सुविज्ञ पाठक गण,
हार्दिक अभिनन्दन!

हिंदी साहित्य के क्षेत्र में अनवरत कार्यरत अंतरराष्ट्रीय मंच के० बी० राइटर्स की 34वीं पुस्तक 'संगम वाटिका' अपने नए कलेवर के साथ आप सभी के समक्ष प्रस्तुत है।

यथा नाम तथा गुण युक्ति को चरितार्थ करती हुई यह पुस्तक विचारों की विविधता से परिपूर्ण गद्य एवं पद्य संग्रह है। इसमें संस्कृति, परंपरा तथा जीवन धारा का उन्मेष है। भावनाओं और संवेगों का सहज स्फुरण है, उल्लास और प्रवाह है।

यह पुस्तक देश-विदेश के अनेक प्रबुद्ध रचनाकारों की श्रेष्ठतम रचनाओं से सुसज्जित एक अनमोल और संग्रहणीय कृति है जिसकी विषय वस्तु और संदेश सुग्राह्य एवं हृदयस्पर्शी है जो आप लोगों को निश्चय ही प्रभावित करेगी और आत्ममंथन का एक अवसर प्रदान करेगी।

प्रिय पाठकों, आशा ही नहीं पूर्ण विश्वास है कि आपको हमारी यह पुस्तक पसंद आएगी और इसे भी आप अपने स्नेह एवं आशीर्वाद की छाया में पुष्पित और पल्लवित करेंगे।

धन्यवाद

- मिथिलेश तिवारी

सम्पादिका

सम्पादकीय

अंतरराष्ट्रीय साहित्यिक मंच 'के० बी० राइटर्स' की तरफ से 34वीं पुस्तक "संगम वाटिका" प्रस्तुत करते हुए हमें अपार हर्ष का अनुभव हो रहा है। हम आप सभी सुधी पाठकों तथा रचनाकारों के स्नेह से अभिभूत हैं क्योंकि यह नहीं होता तो मंच द्वारा अपनी स्थापना के 4 वर्ष के अन्दर ही इतनी पुस्तकों का प्रकाशन सम्भव नहीं होता। इन पुस्तकों के अतिरिक्त एक त्रैमासिक ई-पत्रिका "जागृति" तथा अबतक प्रकाशित हो चुकी विषय-केन्द्रित 13 ई-पत्रिकाएँ भी आपके प्रेम व साहित्यिक योगदान का ही परिणाम हैं।

प्रस्तुत पुस्तक "संगम वाटिका" में आपको हमारे विद्वान रचनाकारों की जीवन के विविध रंगों से भरपूर एक से बढ़कर एक पद्य व गद्य की रचनाएँ पढ़ने को मिलेंगी। हमें आशा ही नहीं, पूर्ण विश्वास है कि सदा की भाँति इस बार भी आपको ये रचनाएँ बेहद पसन्द आएँगी।

सम्पादन व मुद्रण के स्तर पर काफी सावधानी बरती गई है, फिर भी यदि कहीं कोई त्रुटि परिलक्षित होती है तो आप बेझिझक अपनी समालोचनात्मक टिप्पणी से हमें अवगत कराएँगे, ऐसी अपेक्षा है।

शुभकामनाओं सहित,

धन्यवाद

- संजय कुमार राव

सम्पादक

सम्पादकीय

प्रिय पाठकों,

आपका अपना के० बी० राइटर्स अंतरराष्ट्रीय साहित्यिक मंच आप सभी के स्नेह एवं आशीष के कारण हिन्दी साहित्य के उत्थान हेतु जुलाई 2020 से ही कार्यरत है तथा आप सभी के स्नेह एवं आशीष के कारण ही हम आज आपके सम्मुख मंच की 34वीं पुस्तक "संगम वाटिका" के साथ उपस्थित हैं।

यह पुस्तक एक साझा गद्य-पद्य संग्रह है, या यूँ कहें कि यह रचनाओं की एक वाटिका ही है जिसमें विभिन्न प्रकार की रचनाओं का संगम है। इसलिए तो इस पुस्तक का नाम भी "संगम वाटिका" है।

रचनाओं की विधा के साथ-साथ रचनाओं के विषयवस्तु में भी विविधता होना इस पुस्तक को विशेष बनाता है, क्योंकि इसमें आप सभी पाठकों को अपनी रुचि के अनुसार रचनाएँ पढ़ने को मिलेगी।

इस पुस्तक में प्रकाशित प्रत्येक रचना का लक्ष्य आप सभी पाठकों के हृदय को स्पर्श कर आपका स्नेह एवं आशीष पाना है, अर्थात प्रत्येक रचना आप सभी पाठकों के स्नेह एवं आशीष की अभिलाषी है।

हमें आशा ही नहीं बल्कि पूर्ण विश्वास है कि यह पुस्तक भी आप सभी पाठकों को अवश्य पसंद आएगी।

धन्यवाद

- चन्दन केशरी

सम्पादक

आभार

प्रिय साथियों,

किसी भी पुस्तक का प्रकाशन एवं सफलता बिना सबके सहयोग के संभव नहीं है। के० बी० राइटर्स अंतरराष्ट्रीय साहित्यिक मंच उन सभी विद्वान एवं कुशल रचनाकारों के प्रति हृदयतल से आभार व्यक्त करता है जिन्होंने अपने अनुपम एवं हृत्प्रिय रचनाओं से इस साझा गद्य-पद्य संग्रह "संगम वाटिका" को दैदीप्यमान कर दिया।

हमारा मंच उन सभी सहयोगियों के प्रति भी अंतस से आभार व्यक्त करता है, जिन्होंने प्रत्यक्ष या परोक्ष रूप में इस साझा गद्य-पद्य संग्रह के प्रकाशन में अपना अप्रतिम सहयोग प्रदान किया।

हमारा मंच उन सभी पाठकों का भी आभारी है जिन्होंने इस संग्रह का अवलोकन कर इसे हृदयस्थ कर आशीर्वाद दिया।

आगे भी हमारा मंच आप सबके सहयोग से एक से बढ़कर एक उत्कृष्ट काव्य / कहानी संग्रहों का प्रकाशन कर हिन्दी साहित्य के उत्थान में अपना शुचि योगदान प्रदान करता रहेगा।

पुनः आभार सभी का।

- कुन्दन केशरी

(अध्यक्ष एवं मंच संचालक)

के० बी० राइटर्स अंतरराष्ट्रीय साहित्यिक मंच

विषय सूची

आइए!
शुरु करते हैं...

बसन्त के नाम दोहे

डॉ० कुमार वर्मा
(पता :- बाराबंकी,
उत्तर प्रदेश)

झुका चरण में शीश है, दे दो माँ आशीष।
सृजन सार्थक सिद्ध हो, रहे न मन में टीस॥
सुंदर शब्द व भाव का, रहे अनवरत साथ।
माँ वाणी अनुराग में, झुका रहे ये माथ॥
कोहरे की सरकार का, इधर हो गया अन्त।
पीत चदरिया ओढ़ कर, आया उधर बसन्त॥
कली फूल बनकर खिलें, भौंरे छेड़ें साज।
पीली चादर ओढ़ कर, आयें तब ऋतुराज॥
खेत-पात हंसने लगे, दिखे शीत का अन्त।
धरती चादर पीत हो, समझो खिला बसन्त॥
पीली सरसों क्या खिली, गूंजी कोयल तान।
पुरवाई ऐसी बही, लता हुई हैरान॥
बूढ़े पत्ते रो रहे, दिखता है अब अंत।
नये पात गाने लगे, मधुरिम गीत बसन्त॥
गोरी सी लचकन लिए, सरसों झूमे आज।
पायल की झंकार सी, मटर फली दे साज॥
मन्द-मन्द बहने लगी, पुरवाई पुरजोर।
खेत-पात खलिहान लख, खेतिहर भाव विभोर॥
पुष्प लता है नाचती , मधुर हवा के संग।
मधुर मदनमय दृश्य से, मन में उठे तरंग॥
कीट देख हैं हर्षमय, फूलों भरे पराग।
तितली खुश हैं नृत्यरत, जिनके जागे भाग॥
आम करें अंताक्षरी, तभी बौर में होड़।
पीली सत्ता ने किया, आज हरा गठजोड़॥
आम-आम में बौर है, पेड़-पेड़ बौराय।
खेत-बाग गुलजार हैं, फूले नहीं समाय॥
फूल कली बनती नहीं, जब शीत करे आतंक।
प्रिय बसन्त जब से खिला, खिला धरा का अंक॥
खुशियाली को गोद ले, आया शुभ मधुमास।
माँ वाणी की कृपा से, कलम भरे उल्लास॥
हवा फागुनी कह रही, मन में भरो उमंग।
होली दस्तक दे रही, खेलो खुल कर रंग ॥
हाथ जोड़ वंदन करूँ, बना रहे माँ साथ।
वीणापाणी को नमन, हटे न सिर से हाथ॥

अच्छी लगी

डॉ० कुमार वर्मा
(पता :- बाराबंकी, उत्तर प्रदेश)

जानेमन के नाम वाली डायरी अच्छी लगी।
इसमें उनके नाम की हर शायरी अच्छी लगी।

वक्त बीता डायरी तड़पी बेचारी चल बसी,
ऐसे मरने की कला ये खुदकुशी अच्छी लगी।

रोज़ डे के रोज उनकी चिठ्ठियों में दब मरे,
उनकी अद्भुत जिंदगी की वो खुशी अच्छी लगी।

फूल की हर पंखुड़ी रोती रही गाती रही,
उसकी चीखें और कराहें अनसुनी अच्छी लगी।

फूल की ये भूल थी पन्ना बचा लेगा मुझे,
पर फूल वाली मिन्नतें औ बतकही अच्छी लगी।

एक थपेड़े की हवा पन्ने उड़ा के ले गई,
तेरी यादों की तरह आवारगी अच्छी लगी।

आजकल बस आजकल मैं हिचकियों में जी रहा हूँ,
जिस घड़ी वो आ गई बस वो घड़ी अच्छी लगी।

जब ग़मी में गिरे आँसू दे रहे भू को नमी,
रोई बेशक़ आँख पर ये सादगी अच्छी लगी।

"कुमर" तेरी डायरी पर हर गज़ल कुर्बान है,
आप सबकी दी गई हर टिप्पणी अच्छी लगी।

सुधर जायेगा

डॉ० कुमार वर्मा
(पता :- बाराबंकी, उत्तर प्रदेश)

एक अहसान मुझ पर वो कर जायेगा।
मेरा जीवन ये थोड़ा सुधर जायेगा।

गर ग़मों के परों को कुतर दे खुदा,
सारा जीवन खुशी से गुजर जायेगा।

घर बिलखता है तेरी दशा देख कर,
प्यारा घर छोड़कर तू किधर जायेगा।

घर भी हैरान है रूठ क्यों जा रहे,
एक घर छोड़कर कौन तर जाएगा।

हिम्मतों की हनक भी दवा एक है,
हौसला देखकर जख्म भर जाएगा।

फूल प्यारा हँसे तो वो कब तक हँसे,
कल खिलेगा तो परसों बिखर जाएगा।

आज उलझन की ऐसी हवा है चली,
सोचता है इधर या उधर जाएगा।

भाईचारा उगाते हैं अब लोग कम,
सोचते हैं कि निश्चित है चर जाएगा।

आज सुनने की फुर्सत किसे है भला,
बात करने को किससे 'कुमर' जायेगा।

क्या करोगे नज़्म

डॉ० कुमार वर्मा
(पता :- बाराबंकी, उत्तर प्रदेश)

हमारी खता का पता क्या करोगे?
वे अहसान सारे जता क्या करोगे?

बनके चिंगारियाँ जो थे शोले दबे,
राख हो ही गये तो छिपा क्या करोगे?

सावन में बारिश गिरी बाढ़ बनकर,
तो आँखों से मोती गिरा क्या करोगे?

कहा तो यही था मैं साया हूँ तेरा,
जब कभी न सुना अब सुना क्या करोगे?

मैं गीता तुम्हारी गज़ल पाक हूँ,
तन्हा करके सनम शुक्रिया क्या करोगे?

शायरी से भरी डायरी इक फटी,
सूखे फूलों को लेकर कत्आ क्या करोगे?

वफ़ाओं के झूले बेवफा बन के भूले,
गम-ए-हाल सारे बता क्या करोगे?

ख़यालों के दीपक बुझाकर तो देखो,
जब बुझेंगे नहीं लापता क्या करोगे?

ये किया वो किया सिर्फ हांका किये,
ग़ज़ल गीतिका सुन भला क्या करोगे?

माँ के नाम

डॉ० कुमार वर्मा
(पता :- बाराबंकी, उत्तर प्रदेश)

ये हमने माँ से पाई है,
सुनो धड़कन बताती है।
माँ की याद की खुशबू,
किसे कब भूल पाती है।
सृजक का नाम है माता,
है ममता की महासागर,
मुसीबत की घड़ी सुख दुख,
वही रस्ता दिखाती है।

निज ममता का गला घोंट के,
ममता का उपहार दिया।
तन मन धन लाचार हुई तो,
क्यों वृद्धाश्रम द्वार दिया?
आज नहीं तो कल सोचोगे
हाँ हमने ये गलती की,
यदि ऐसी विकृती प्रथा में,
हमने नहीं सुधार किया।

मां की ममता वाला आंचल,
गम खातिर दीवार बन गया।
मां ने हाथ माथ पर रखा,
एक नया उपचार बन गया।
घरवाली मां का चिल्लाना,
मंदिर वाली मां सुनती है।
मां के नाम लिखा एक मुक्तक,
घर घर का अखबार बन गया।

अलबम से

डॉ० कुमार वर्मा
(पता :- बाराबंकी, उत्तर प्रदेश)

था बचपन गोदी में बीता,
पैरों में कहाँ सन्तुलन था?
पैरों पर चलना तब आया,
तो किस ने थामा दामन था।

जिसके आँचल में जादू था,
जो गम को दूर भगा देती।
जो दो थपकी को देकर के,
तुझको थी रोज सुला देती।

माँ ने सिखलाया था चलना,
तब कदम बढ़े स्कूल गये।
अलबम तो रोज देखते हो,
पर माँ की उंगली भूल गये।

माँ की जब झुकी कमर कहती,
बेटा अब बोझ नहीं उठता।
जो सहारा सदा बनी रही,
तू तब कितना संबल बनता।

अलबम में कैदी यादों को,
अब हमें याद करना होगा।
ये काल चक्र है जीवन का,
जो बोया है चखना होगा।

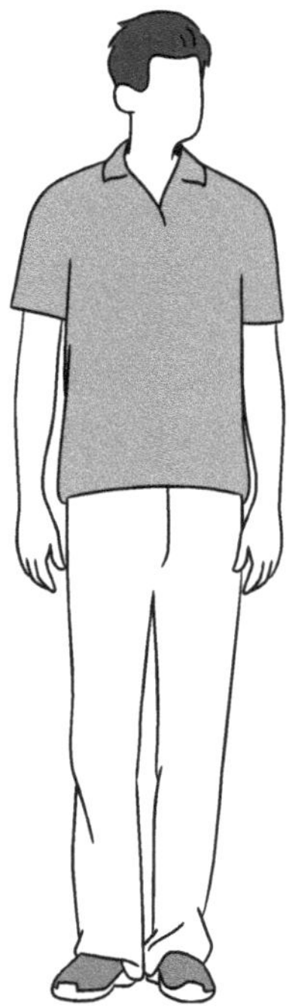

दिल मगर

डॉ० कुमार वर्मा
(पता :- बाराबंकी, उत्तर प्रदेश)

आँख से आँसू झरे हैं मान जाता दिल मगर,
और उसकी बेबसी पर मुस्कुराता दिल मगर।1

दर्द वाली चिठियाँ अब कौन ढूंढे क्या पढ़े?
काश उनको आज फिर से ढूंढ पाता दिल मगर।2

दिल की भी सुनता नहीं है आज कोई दिल यहाँ,
फिर भी सारी आप बीती है सुनाता दिल मगर।3

दिल चुराकर एक प्रेमी राज ए दिल कहता नहीं,
राज के किस्से कहानी है छिपाता दिल मगर।4

देखना सुनना सभी का देख कर दिल दहल जाता,
और ये सब देख कर के काँप जाता दिल मगर।5

दिल की धड़कन तेज होती एक जरा सी बात पर,
और ऐसी बात पर है क्रोध खाता दिल मगर।6

पर कुमर का मानना है दिल की दरिया है बड़ी,
आईना बन सच समंदर को दिखाता दिल मगर।7

बहुत है

डॉ० कुमार वर्मा
(पता :- बाराबंकी, उत्तर प्रदेश)

कहने को श्री मान बहुत हैं।
एक कलम बदनाम बहुत है।

दौलत जो नफरत बन जाये,
वो बनती हैवान बहुत है।

जो दिल जोड़े वो दौलत है,
वरना क्या धनवान बहुत है?

फूल रही है साँस कह रही,
क्यों इतना सामान बहुत है?

गठरी में खुद को बंधना है,
तभी कफ़न हैरान बहुत है।

जली राख मुट्ठी भर होगी,
तब काहे अभिमान बहुत है।

चालीस घर में कौन रहेगा,
हाँ, दुनिया में नाम बहुत है।

दिलदिमाग को थोड़ा जोड़ो,
वरना पथ सुनसान बहुत है।

बात कुमर की सुने न कोई,
दीवारों के कान बहुत है।

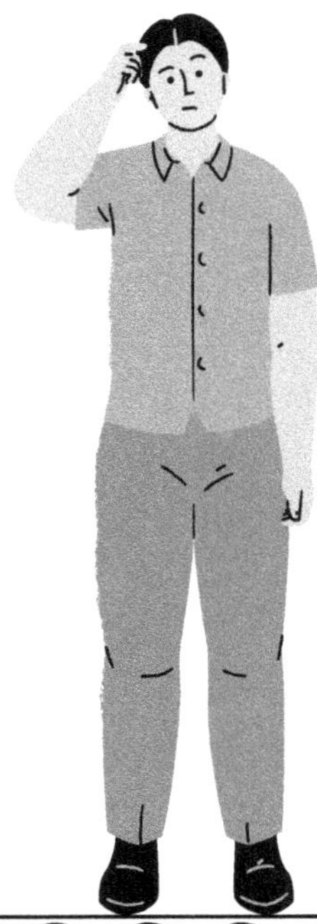

बचपन क्यों खोया?

डॉ० कुमार वर्मा
(पता :- बाराबंकी, उत्तर प्रदेश)

बचपन वाली वो किलकारी,
भूल गई सब जिम्मेदारी।
ऐसी घटनाओं को पढ़ कर,
सोचा लिख दूँ मैं लाचारी।

कुछ शब्द चुने अत्यंत सरल,
उन शब्दों का मैं आभारी।
पर जब घटना लिखने बैठा,
मन में थी पीड़ा अति भारी।

मातु पिता ने उंगली थामी,
पग खड़े हुए जब बड़े हुए।
शिक्षा आमन्त्रण जहाँ मिला,
पग वहीं हमेशा खड़े हुए।

बचपन के सँजोये सभी रँग,
जो तन में भरते थे उमंग।
गायब सतरंगी स्वप्न हुए,
जीवन भर करते रहे तँग।

वह इन्द्रधनुष के सात रँग,
बनते प्रकाश मय वही अंग।
यह जीवन रँगीन बने कैसे,
खो जाती जब सारी उमंग।

वह हंसी खुशी वह फुर्तीपन,
खोकर बचपन आया यौवन।
दिन बीते भागम भाग बढ़ी,
रोटी खातिर तन हुआ हवन।

सुख की चाहत में लगे रहे,
सुख एक मिला दुख चार मिले।
आंखों ने देख लिया सावन,
तब गम आँसू बन कर निकले।

सुख दुख दोनों ही स्वाद चखे,
जब काट लिया जीवन आधा।
आँखों पैरों ने कपट किया,
तो स्वास्थ्य बनी उनकी बाधा।

धन दौलत आधी करता हूँ,
एक पिता चुने एक माँ ले ले।
जिसने मर के घर खड़ा किया
हे रब !वो कितने गम झेले।

जब कमर बन गई एक धनुष,
तब खटिया पर लाचार गिरी।
जिन बेटों को पाला उस ने,
आश्रम पहुँचा के आँख खुली।

पत्थर दिल तक तो बहुत सुने,
पर अब पत्थरीले लोग हुए।
कविता के भाव पुकार उठे,
क्यों अपने दिखते धुंए धुंए?

जंगल में स्कूल

डॉ० कुमार वर्मा
(पता :- बाराबंकी, उत्तर प्रदेश)

सुनकर राजा का ऐलान।
सभी पढ़ाई पर दें ध्यान।।
अनपढ़ कोई एक न होगा।
जंगल में स्कूल खुलेगा।।
शिक्षा की जय बोल दिया।
स्कूल शेर ने खोल दिया।।
पढ़ना भला किसे न भाया।
बच्चा बच्चा पढ़ने आया।।
बंदर, मछली, ऊँट, जिराफ।
फीस कर दिया सबकी हाफ।।
पहला पाठ पेड़ पर चढ़ना।
भूख लगे तो फल को चखना।।
पेड़ पे चढ़ना नहीं खेल था।
हाथी ऊँट जिराफ फेल था।।
जितने पेड़ नहीं चढ़ पाये।
उन सबको कोचिंग करवाये।।
सब की हिम्मत हार गई।
सब कोचिंग बेकार गई।।
सबने झोंका सारा श्रम था।
पर बंदर हर बार प्रथम था।।
बन्दर जी को मेडल मिला।
नहीं किसी को कोई गिला।।
जल का जिससे नाता हो।
उसे तैरना आता हो।।
गर्दन से जब पा सकते हो।
अपनी सूंड उठा सकते हो।।
ऊँट पेड़ पर चढ़ना क्यों?
गलत पाठ को पढ़ना क्यों?
बीस पेज की पतली पुस्तक
जब हजार में आती है।
एक गरीब की सारी पूंजी
शिक्षा में छिन जाती है।
पढ़ना हर एक की चाहत है
मगर पढ़ाई तड़पाती है।
इतनी मंहगी प्राइवेट शिक्षा
किस को नहीं चिढ़ाती है।
जब शिक्षा करने लगे,
जीवन बंटाधार।
तो डिग्री किस काम की,
जो न बने आधार।
कृषि, खेल, गाना, कला,
अध्यापन व्यापार।
जो करने की चाह हो,
उस पर करो विचार।।

वो एक किताब

गणपत लाल उदय
(पता :- अजमेर, राजस्थान)

सम्पूर्ण इतिहास समेटकर रखती वो एक किताब,
देश और विदेशों में पहचान बढ़ाती यही क़िताब।
शक्ल सूरत से कैसे भी हो देती सबको ये सौगात,
हर प्रश्न का उत्तर है एवं श्रेष्ठ सलाहकार किताब।।

किताबें पढ़कर आगे बढ़ता संसार का ये नर नार,
भरा पड़ा है ज्ञान-विज्ञान का खज़ाना अपरम्पार।
जो मन से पढ़ता है इसको खुल जाते उसके द्वार,
किस्मत खोल देती किताबे ज्ञान का होती भंडार।।

गुल नये यह खिलाती है एवं सपने साकार करती,
उमंग-तरंग से जोश दिलाती जीवन में रंग भरती।
अस्वस्थ को स्वस्थ व रोगग्रस्त का ईलाज बताती,
मुश्किलों से लड़ना भी यह क़िताब हमें सिखाती।।

चाहे धनवान चाहे निर्धन सबको समान समझती,
जो इससे दिल लगाता उसे झुकने नही यह देती।
क्या होती है दुख की भाषा व सुख की परिभाषा,
बेजुबान होती है किताब पर सबको पाठ पढ़ाती।।

पायलेट डॉक्टर इंजीनियर सब बनते इसे पढ़कर,
मातृभूमि की सुरक्षा करते ये जवान सर उठाकर।
दर बदर की ठोकरे ना खाते जो होते आत्मनिर्भर,
पाते है नाम शोहरत पढ़े इसे सरस्वती समझकर।।

सोशल मीडिया

गणपत लाल उदय
(पता :- अजमेर, राजस्थान)

सोशल-मीडिया बन गया जीवन का अभिन्न-अंग,
जिसको देखने और पढ़ने से मिलता ज्ञान-प्रसंग।
दुनियां के कोने-कोने से इससे जुड़े हुए कई लोग,
फ़ैल रहा ये सारे विश्व मे अपने बिखेर रहा ये रंग।।

सोशलमीडिया भी है अपना ये प्यारा सा परिवार,
जिससे जुड़े है भाई बहन और माँ बाप रिश्तेदार।
बेशक खोज जारी रखें अपनी पहचान बनाने को,
पर ऐसी पोस्ट कोई न करें परेशानी हो सभी को।।

कोशिश सबकी रहती है अपना हुनर दिखाने की,
नयी ऊँचाईयां छूने की और मंजिल को पाने की।
चाहें रुख़ भी बदल ले यह शीत लहरे और हवाएँ,
किसी के हृदय को ठेस न लगे ऐसा पोस्ट लगाएँ।।

नकारात्मक और सकारात्मक डालते इसमें पोस्ट
कई सामाजिक विकास में यह बन रहा सहायक।
यह धर्म ही दिखाता सब को अच्छा-सच्चा रास्ता
लेकिन अपनी मंजिल तक तो यह कर्म पहुंचाता।।

प्यार की महफ़िल भी इसमें सब को नज़र आती,
दर्द दवा हल्लो हाय जन्म-दिन सभी को दर्शाती।
फेस-बुक के नाम से जिसको जानता है ये संसार,
लोगों के संग मेल-जोल को ये बख़ूबी से बढ़ाती।।

चाँद संग साँझ की शरारत

आचार्या नीरू शर्मा
(पता :- कांगड़ा, हिमाचल प्रदेश)

टहल रहा है चाँद ,
आसमाँ पर मुस्कान धरे...
है मग्न खुद में थोड़ा
और
थोड़ा सुस्ताया सा है...।
देखा जो बदली ने उसे
तो,
ढककर चाँदनी को उसकी
लगी सताने वह उसे...
पर ,
चाँद तो आखिर...चाँद ठहरा
मुस्कुराकर बादलों की ओट से भी ,
अपनी जगमगाती चाँदनी
और
शीतलता को बढ़ाकर और चमकने लगा...।
बदली भी आखिर...बदली ठहरी
चंचलता न उसने तजी
और
साँझ ढले से भोर तक
चाँद संग खेलती और फिज़ा को
महकाती गुनगुनाती रही...।।

सत्य की डगर

सुषमा सिंह "उर्मि"
(पता :- कानपुर, उत्तर प्रदेश)

जीवन की डगर में कभी-कभी ऐसे पल आते हैं, जहां इंसान को सत्य और झूठ का सामना करना पड़ता है। लेकिन यह सच है कि सत्य ही मानव का आभूषण है, और सत्य के पथ में ही प्रसून खिलते हैं।

सत्य ही हमें सफलता के मार्ग पर अग्रसर करता है। यह सही है कि सत्य की राह में कठिनाइयों का सामना करना पड़ता है , किंतु सत्य के पथ पर चलने से जो ऊर्जा एवं आत्मबल मिलता है, वह अद्भुत होता है। सत्य की शक्ति अजेय होती है। इसी शक्ति के सहारे असत्य, अनीति और अधर्म को पराजित किया जा सकता है।

मुंडका उपनिषद में कहा है - "सत्यमेव जयते".... सत्य ही शिव है, सत्य की ही जीत होती है। असत्य पराजित होता है और उसे सत्य के आगे घुटने टेकने ही पड़ते हैं। सत्य अलौकिक होता है, इसके तेज के
सम्मुख असत्य पल भर भी नहीं ठहरता।

सत्य साधना है, सत्य के पथ पर कष्ट हो सकते हैं, परंतु सत्य ही जीवन में साहस और शक्ति भरता है।

गंगा दशहरा

अनन्तराम चौबे अनन्त
(पता :- जबलपुर, मध्य प्रदेश)

गंगा दशहरा आज है भाई
नर्मदा जी में डुबकी लगाई ।
किसी नदी में स्नान करो
महत्व आज इसी का भाई ।

पुण्य किये हैं ठीक है भाई
पाप किये हैं डुबकी लगाओ ।
नर्मदा मैया गंगा मैया हो
स्नान करो और खूब नहाओ ।

ज्येष्ठ माह के शुक्ल पक्ष की
दसवीं को गंगा दशहरा मनाते है ।
गंगा जी को आज के दिन
भागीरथ धरती पर लाये थे ।

भागीरथी गंगा के नाम से
भागीरथी गंगा भी कहते हैं ।
प्रयागराज के संगम तट को
त्रिवेणी संगम भी कहते हैं ।

गंगा जी के तेज वेग को
शिव जी ने जटाओं में समाये थे ।
भागीरथ की सफल तपस्या
ऐसे ही पूरी कर पाये थे ।

गंगा दशहरे का शुभ दिन है
मुट्ठी भर जौ, तिल दान करो ।
दस दीपक दीप दान करो
पवित्र नदियों में स्नान करो ।

पाप पुण्य होते रहते है
धो करके सब साफ करो ।
गंगा दशहरा शुभ दिन है
अपने मन को साफ करो ।

यादें

अच्युत उमर्जी
(पता :- पुणे, महाराष्ट्र)

क्यों नहीं आती याद खुद की ....
क्यों नहीं आती याद खुद की ....
इतनी आखिर किसकी याद आती है ....?
तुझे भुला देना,
मुझसे भला हो नहीं सकता यह ।
तुझे भी तो,
याद आती होगी मेरी,
हम दोनों को लगा नहीं था,
यादों के सहारे जीना पड़ेगा हमें ।
खाना खाते वक्त,
रोज या तो हिचकी लगती है,
या फिर गले में घुटन जैसा होता है,
जान निकाल देती है तेरी सीधी सादी याद ।

बारिश

अच्युत उमर्जी
(पता :- पुणे, महाराष्ट्र)

बारिश के दिन थे,
कांच पर बारिश के पानी की बूंदें थीं,
मन बेचैन था उनको देखकर ।
फिर एक अलग ख्याल आया बूंदों के बारे में,
कितनी छोटी सी रहती है बूंदों की जिंदगी,
ना जाने कब फूट जायें ये बूंदें,
पर उसे ना फूटने का डर है ना गम,
फिर भी खुशहाल है जिंदगी बूंदों की,
काश ! हम ?

खलिहान

भोला शरण प्रसाद
(पता :- नोएडा-150,
उत्तर प्रदेश)

चलो दिखाऊँ खलिहान और श्मशान,
दोनों लगते एक समान,
चलो पहले खलिहान दिखाऊँ,
अगर मुर्दा नहीं देखे हो,
चलो आज बर्बाद किसान दिखाऊँ ।
सर्वे कर कर दिया सर्वनाश,
चलो पटवारी धनवान दिखाऊँ,
धोखे से अंगूठा लगवाया,
मरहम में रख नमक लगाया,
चलो तुम्हें सरकारी एहसान दिखाऊँ ।
आज ही मिला सम्मन कचहरी से,
जमीन अधिग्रहण का फरमान देख लो,
विकास देखना है तो,
गाँवों का उत्थान देख लो,
मेरा भारत महान,
आज का हिंदुस्तान देख लो ।

पिता की यादें

डॉ० सुरेश लाल श्रीवास्तव
(पता :- अम्बेडकरनगर,
उत्तर प्रदेश)

वह बहुत भयानक रात रही,
जिस रात पिता जी छोड़ चले।
फ़रवरी मास तिथि चौबिस को,
जिनको लेकर सब घाट चले।
है साल पचासी का वह दिन,
जीवन का मेरे गरल काल।
जब पिता चिता के साथ सभी,
निज जीवन के अरमान जले।।

उस रात तात ने शिक्षा दी,
मुझे जीवन सफ़ल बनाने की।
मिलजुलकर सबसे रहने की,
सच्चाई के पथ चलने की।
हर बात तात की भायी थी,
पर आती रही रुलाई थी।
जैसे कुछ होने वाला है,
आहट है उसके आने की।।

सुनकर पितु की सारी बातें,
चिन्ताकुल मन घबराया था।
उनके कहने के भावों से,
डर मुझमें बहुत समाया था।
इस बीच पिता ने जल माँगा,
जो लेने को माँ धायीं थीं।
बिनु जल पीये पितु चले गये,
दीपक को बुझना आया था।।

पितु लाश गोद में लेकर मैं,
जब गहन तिमिर में बैठा था।
छोटा भाई बहना नीलम,
माँ संग में सबका रोना था।
दीदी दीदी कहकर रोया,
दीदी ! पितु अपने चले गये।
आ जाओ जल्दी यहाँ आप,
यह कहकर सबका रोना था।।

मानव प्राणी

डॉ० सुरेश लाल श्रीवास्तव
(पता :- अम्बेडकरनगर,
उत्तर प्रदेश)

क्या लेकर आता है मानव,
किसके बल जीवन जीता है।
क्या छोड़ धरा पर कर्मों से,
परलोक गमन कर जाता है।
किन कर्मों से यश कीर्ति बढ़ा,
निज जीवन धन्य बनाये वह।
किस अर्थ व्यर्थ जीवन करके,
वह अपना मान घटाता है।।

धरती के सारे जीवों में,
सर्वोत्तम मानव प्राणी है।
निज रचना और ज्ञान बल से,
जग का यह अनुपम प्राणी है।
है सृजनशील बहु ज्ञानशील,
गुण गरिमा इसमें है अपार।
फिर भी दुर्गुणता के पथ पर,
अति तेज दौड़ता प्राणी है।।

ले जन्म जगत में यह मानव,
जब कर्म क्षेत्र में आता है।
सद्गुण दुर्गुण दो धारा में,
जीवन की नाव चलाता है।
जिस धारा में जन बहुत चले,
उसका समाज पर जोर बढ़े।
चलता है दुर्गुण पथ कोई,
कुछ को नेकी ही भाता है।।

उस जन की बढ़ती महिमा है,
सद्‌गुणता जिसकी गरिमा है।
वह जीवन मान घटाता है,
नेकी की जिसमें लघिमा है।
पाता सच्चा सुख वह जन ही,
जग में जिसका गुणगान रहे।
मिलती है अमर कीर्ति उसको,
पूजित हो उसकी प्रतिमा है।।

जन ऐसा कोई होता है,
परहेज़ प्रेम से करता है।
अपने धन दौलत जीवन पर,
अभिमान बहुत जो करता है।
बह लोभ स्वार्थ की धारा में,
नहि रिश्तों का सम्मान करे।
करता है निन्दित कर्म सदा,
नहि खौफ़ ख़ुदा का होता है।।

जीवन दुर्गुणता से भरकर,
जो दूषित सभ्य समाज करे।
अनुचित विचार अरु कर्मों से,
निज जीवन का जो मान हरे।
सुख से जीना जीने देना,
दोनों का मान गिराये जो।
ऐसे जन का इस दुनिया में,
किस अर्थ कोई सम्मान करे।।

है अवर्णनीय पितु माँ महिमा

डॉ० सुरेश लाल श्रीवास्तव
(पता :- अम्बेडकरनगर,
उत्तर प्रदेश)

दुनिया में पितु माँ से बढ़कर,
रिश्ता नहि कोई दूजा है।
है जीवन ये जिसके बल पर,
सर्वोत्तम उसकी पूजा है।
उनसे ही तेरा आना है,
वे ही व्यक्तित्व विधान करें।
पितु माँ की देनी के चलते,
यश कीर्ति जगत में गूँजा है।।

है अवर्णनीय पितु माँ महिमा,
जग दर्शन जिनके कारण है।
उनके बल से सब गुण गरिमा,
ये मानव करता धारण है।
हित जिसके बहुश्रम पिता करे,
माँ दुःखिया जीवन है जीती।
उसके भूखे रहते न कभी,
होता पितु माँ का पारण है।।

हैं ऐसे बहु अनगिनत नाम,
गुण गरिमा जिनमें थी प्रकाम।
गौतम गाँधी ललना ललाम,
या पुरुषोत्तम अभिराम राम।
सुतराम हुआ सबका जीवन,
निश्चय ही जिसकी देनी से।
आदर्श गुणों के संधानक,
है माँ पितु को मेरा प्रणाम।।

बहु तेज ज़माना बदल रहा

डॉ० सुरेश लाल श्रीवास्तव
(पता :- अम्बेडकरनगर,
उत्तर प्रदेश)

जीवन के सारे अर्थों में,
बहु तेज ज़माना बदल रहा।
बोली बदली भाषा बदली,
पहनावा सबका बदल रहा।
पहले जैसा रहना सहना,
नहि दिखे कहीं अब किसी ठौर।
भौतिकतावादी धारा में,
जन बहुतायत से उमड़ रहा।।

पद पैसा और प्रतिष्ठा की,
परिभाषा तेजी से बदली।
हासिल करने हित इन सबको,
नीतियाँ बहुत सबने गढ़ लीं।
कब तक जीवन कुछ पता नहीं,
जन बाँध रहा धन की गठरी।
नाचे नैतिकता कागज़ पर,
धरती से तौबा कर ली।।

इस ज्ञान धुरन्धर मानव ने,
पहले जीवन जीना जाना।
फिर वसुधा के उपहारों से,
उसने आगे बढ़ना ठाना।
मिल गये बन्धु दो लोभ स्वार्थ,
इस धरा बीच जो मानव को।
उसने बदली तब नीति रीति,
धन दौलत को सब कुछ जाना।।

शैली जीवन की बदल गई,
वैज्ञानिक अविष्कारों से।
सहयोग त्याग सब दूर हुए,
नैतिकता के खो जाने से।
हो चले दूर दादा दादी,
नाना नानी भी हुए दूर।
हैं रिश्ते ख़ूनी दाग़दार,
बदले जीवन व्यवहारों से।।

मेरा ईमान बाकी है

उषाकिरण निर्मलकर
(पता :- धमतरी, छत्तीसगढ़)

जमाना देख ले, अब भी मिरा इक शान बाकी है।
कि सब कुछ लुट गया तो क्या, मिरा ईमान बाकी है।

हवाओं से कहो, हारा नहीं है हौसला मेरा,
जलेगा दीप हरदम, लाख गर तूफान बाकी है।

तू अपनी हद में रहना सीख ले, ऐ जिंदगी अब तो,
तू भी ढल जायेगी, बस मौत का फरमान बाकी है।

जमाना क्या मिटायेगा मेरी हस्ती अगर चाहे,
सुपुर्दे-खाक होकर भी, मेरी पहचान बाकी है।

मुहब्बत भी यहाँ व्यापार हो गई क्या बतायें हम,
हिसाबे-इश्क में अब बस, नफा-नुकसान बाकी है।

मेरे सब ख्वाब अश्कों में निकल के बह गए तो क्या,
दिखाने के लिए चहरे पे अब मुस्कान बाकी है।

कि जीते जी कभी जीने नहीं दी ये जमाना पर,
'किरण' अब मर गये तो हर तरफ गुणगान बाकी है।

अमर वो ज़िन्दगानी है

उषाकिरण निर्मलकर
(पता :- धमतरी, छत्तीसगढ़)

सुना था जो जमाने से, वही तो ये कहानी है।
कि मरते हैं वतन पे जो, अमर वो ज़िन्दगानी है।

गजब का हौसला उनका, झुकाया आसमां को भी,
ज़मीं पे पैर है अपना, ये उनकी ही निशानी है।

लड़े वो दुश्मनों से जब, बचाया सरजमीं को यूँ,
बहाया खून पानी सा, नमन वो ही जवानी है।

उठा जो आँख भारत पर, हवाले-खाक करके वो,
निभाया फर्ज माटी का, मुझे भी अब निभानी है।

कफ़न वो तीन रंगों का, पहन के सो गये हैं अब,
अमन की जिंदगी देकर, हुए वो आसमानी है।

कसम है उन जवानों की, रखे जो लाज भारत का,
जरा सा याद कर लो तुम, नहीं तो बेईमानी है।

लिखा है पाक ग्रंथों में, उसी को मैं बताती हूँ,
वतन में भाईचारा हो, किरण की भी जुबानी है।

ज़िन्दगी मिल गई है

उषाकिरण निर्मलकर
(पता :- धमतरी, छत्तीसगढ़)

अँधेरों को अब रौशनी मिल गई है।
मिले तुम मुझे ज़िन्दगी मिल गई है।

नजर नें तलाशा, जमाने में बरसों,
मुझे अब कि सारी खुशी मिल गई है।

हज़ारों दीवाने तेरे हों मगर अब,
मुझे तो तेरी आशिक़ी मिल गई है।

तेरा नाम आया लबों पर कि जब से,
लगा है मुझे बन्दगी मिल गई है।

सँभालो हमें, हम कि खुद में नहीं हैं,
'किरण' अब हमें बेखुदी मिल गई है।

मौसम सुहाना

स्व० प्रेमशीला विजय प्रताप कुशवाहा "संगम"
(पता :- कुशीनगर, उत्तर प्रदेश)

गर्मी का भी गर्मी कुछ शांत हो जाता है।
जब सुहाना मौसम बरसात का आता है।

काली घटा देखकर भंवरा भी गुनगुनाता है।
जंगल में घूम-घूमकर मयूर नृत्य दिखाता है।
पपीहा के मन में आशा की लहर दौड़ जाता है।
जब सुहाना मौसम बरसात का आता है।

मलिन हुई पत्तियों से धूल, धुल जाता है।
प्राकृतिक वातावरण में नया निखार आता है।
गर्मी से सताए पौधों में भी जान आ जाता है।
जब सुहाना मौसम बरसात का आता है।

नन्हा-मुन्ना पौधा भी हरा-भरा हो जाता है।
कलिया झांकती हैं और फूल मुस्कुराता है।
रंग बिरंगी तितलियों का बहार आ जाता है।
जब सुहाना मौसम बरसात का आता है।

गर्मी का भी गर्मी कुछ शांत हो जाता है।
जब सुहाना मौसम बरसात का आता है।

मजदूर

स्व० प्रेमशीला विजय प्रताप कुशवाहा "संगम"
(पता :- कुशीनगर, उत्तर प्रदेश)

"क्या रे हरिया! आज फिर से लेट हो गए। तुमको कितनी बार समझाया है कि समय से काम पर आया करो। तुम पिछले कुछ दिनों से काम पर समय से नहीं आ रहे हो। अगर आगे फिर से काम पर देर से आये तो तुम्हारी मजदूरी काट लूंगा या अगर आगे भी ऐसे ही करना हो तो कल से काम पर मत आना। बहुत सारे मजदूर काम ढूँढ़ रहे हैं, उनमें से किसी को काम पर रख लूंगा। आज कल के मजदूर, मजदूर नहीं रह गये हैं। अब तो ये अमीन हो गये गए हैं। दिन भर काम करें या न करें मगर शाम को पैसा इनको चाहिए। जब काम नहीं करते हैं तो पता नहीं कैसे घर चलता है। काम समाप्त हुआ नहीं कि निर्लज्ज होकर कहने लगते हैं साहब कुछ पैसा दे दीजिए। शाम का खर्चा नहीं है, बीबी बीमार है तो बच्चे बीमार हैं, पता नहीं काम पर आते ही इनके घर क्या-क्या हो जाता है? पास में पैसा रहे या न रहे मगर इनको शाम को पैसा कहीं न कहीं से व्यवस्था करके देना ही पड़ता है। पैसा देने में एक दिन की देरी हुई कि इनके ऊपर दु:खों का पहाड़ टूट जाता है। इन निठल्लों से काम कराने से अच्छा है कि आधुनिक मशीन मंगाकर काम करा लिया जाए"। मन में जो भी कुछ आया प्रेम साहब मजदूर को कोसने में कोई कसर नहीं छोड़े।

हरिया वहीं खड़े-खड़े प्रेम साहब की बातें सुन रहा था। प्रेम साहब कहीं जाने के लिए दो-चार कदम आगे बढ़े और फिर घूमकर बोले, "बेशर्म की तरह सिर्फ बातें सुनोगे या कोई काम भी करोंगे"। हरिया आँखों में आंसू लिए काम करने चला गया।

विश्व में लगभग हर मजदूरों की यही कहानी है। उसका मालिक उसे अपने पैरों तले दबाकर रखना चाहता है। मजदूर की मजबूरी को सुनने के बजाय उसे जी भर कोसता है। उस बेबस हरिया का दु:खड़ा कोई सुनने वाला नहीं है, आखिर वह क्यों काम पर देरी से आता है। मालिक को तो बस अपना काम दिखाई देता है, उनको ये नहीं दिखाई देता है कि गरीब मजदूर का भी अपना कुछ काम होता है। उस हरिया का भी परिवार है, वह भी इन्सान है, उसे भी दु:ख-दर्द होता है। उसके भी परिवार में और वह स्वयं भी बीमार पड़ता होगा।

ये कोई समझने वाला नहीं है।

अगर उस गरीब मजदूर के पास पैसा होता तो वह आप के घर मजदूरी करने नहीं आता। वह भी आग बरसती दोपहरी में अपने घर में आराम करता और मालिक के बेरुखे शब्दों को नहीं सुनता।

जब एक मजदूर घर से बाहर काम करने के लिए निकलता है तो उसके बीवी-बच्चे न जाने कितनी फरमाइशें करते हैं। वह भी आपके जैसे अपने परिवार को खुश देखना चाहता है। वह इसीलिए शाम को काम समाप्ति के बाद पैसा के लिए आपसे निवेदन करता है ताकि वह भी अपने परिवार को उस दिन उनकी फरमाइशों को पूरा करके उनको खुश देख सके। अगर आपके पास पैसा नहीं है तो किसी मजदूर को काम पर मत लगाइए, यदि लगाना है तो उनके और उनके परिवार के सपनों को पूरा करने के लिए शाम को उनके हक की मजदूरी अवश्य दीजिए। वह आपसे भीख नहीं मांगता है, वह अपना वह पारिश्रमिक मांगता है, जब आप आराम कर रहे होते हैं या चैन की नींद सो रहे होते हैं उस समय वह अपने आप को जाड़ा, गर्मी, वर्षा, सर्दी आदि में निछावर करके आपका काम करता है। आप मजदूरों को मजबूर मत कीजिए, उन्हें उनका हक दीजिए।

देश के विकास में अहम योगदान देने वाले सभी मजदूरों को हृदय से नमन। यह सत्य है की देश की तरक्की आपके हाथों में है।

अन्त:अभिव्यक्ति

ई० अमित तिवारी
(पता :- कानपुर, उत्तर प्रदेश)

बाहर से पुस्तक सब देखें,
अन्दर के पन्ने खोले कौन ?
यहाँ-वहाँ मिलजुल सब बैठे,
अंतर में अब केवल मौन ।

पिंजरे में अब पंछी बैठे,
वायु गगन की चीरे कौन ?
पाप की धूप यहाँ भारी है,
दया का पौधा सींचे कौन ?

अपनी अपनी मस्ती में,
सब मस्त मगन से रहते हैं,
घर के बाहर भूखे बैठे,
उनको खाना पूछे कौन ?

स्वार्थ में अपने सभी जी रहे,
जन सेवा अब करता कौन ?
शान-ओ-शौकत को करें नमस्ते,
पैदल वाले को पूछे कौन ?

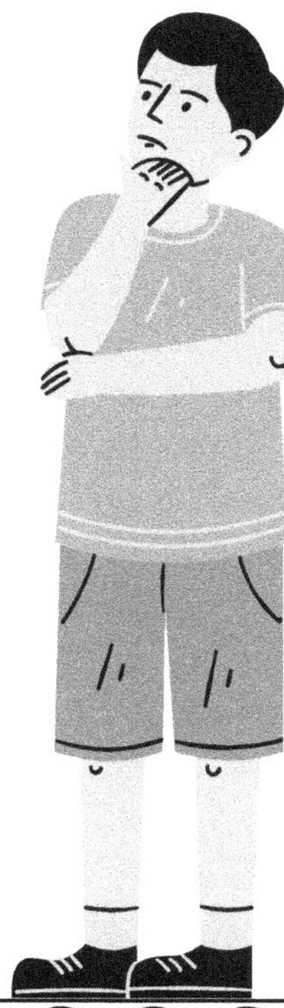

कुआँ-पूजन के बहाने : नारनौल शहर

कुमार सतीश
(पता :- हिसार, हरियाणा)

वैसे तो नारनौल शहर अपनी अनेक विशेषताओं, रहन-सहन, भौगोलिक स्थिति, खान-पान, पहनावा, जलवायु, संस्कृति और ऐतिहासिक घटनाओं के लिए प्रसिद्ध है, जिन्हें कुछ शब्दों में समेटना असंभव है। चाहे वह अकबरकालीन टकसाल हो, प्रसिद्ध जलमहल हो, शहर में बीता शेरशाह सूरी का बचपन, राव तुलाराम की अंग्रेजों के विरुद्ध नसीबपुर गाँव में लड़ी गई ऐतिहासिक लड़ाई, शाह कुली खान की बहन का मकबरा, बीरबल का छत्ता या फिर प्रसिद्ध ढोसी की पहाड़ी। फिर भी एक छोटा-सा प्रयास कुआँ-पूजन के बहाने, आइये शुरू करते हैं यात्रा ....

बात वर्ष 2009 की है। जुलाई का महीना था और मुझे एक सहकर्मी घनिष्ठ मित्र के यहाँ कुआँ-पूजन समारोह में शामिल होने जाने का सौभाग्य प्राप्त हुआ। कुआँ-पूजन राजस्थान, हरियाणा खासतौर से दक्षिणी हरियाणा की एक परंपरा है। आजकल तो बहुत सारे लोगों द्वारा लड़की के पैदा होने पर भी उतनी ही खुशी मनाई जाती है और सभी रीति-रिवाज उतने ही चाव से निभाए जाते हैं, जितने लड़का पैदा होने पर। लेकिन बीस-पच्चीस साल पहले तक सिर्फ़ लड़का पैदा होने पर ही खुशियाँ मनाई जाती थीं और लड़की पैदा होने पर बिल्कुल नहीं। जैसे लड़का पैदा होने की खुशी तत्काल ही शुरु हो जाती थी, लड़का पैदा होते ही दाई उस परिवार की मुखिया बुजुर्ग औरत को थाली बजाने का आदेश जारी कर देती थी। जिस घर में लड़का पैदा होता, उसकी दहलीज के बीच में खड़े होकर परिवार की मुखिया औरत के द्वारा चम्मच से कांसे की थाली बजाई जाती थी जो आस-पड़ोस और ग्रामीणों के लिए एक मूक घोषणा होती थी कि फलां घर में लड़का पैदा हुआ है, जबकि लड़की के होने पर ऐसा कुछ नहीं होता था। जब लड़का छह दिन का हो जाता था तो घर में छठी मनाई जाती थी जिसमें घर -परिवार और गली-मोहल्ले के सभी महिला-पुरुष, बच्चे-बूढ़े, युवा मिल-बैठकर खाना-पीना व सामूहिक भोज करते थे और औरतें देर रात तक या रातभर लोकगीत गाती थीं। बच्चा जनने वाली औरत से एक-सवा महीने तक घर-बाहर का कोई काम नहीं करवाया जाता था, यहाँ तक कि उसे घर की दहलीज से बाहर पैर तक भी नहीं रखने

दिया जाता था। एक-सवा महीने बाद उस औरत को पहली बार घर से बाहर निकाला जाता था जिसकी शुरुआत परंपरागत रिवाज कुआँ-पूजन से होती थी। कुआँ-पूजन एक रस्म होती है जो लड़का होने की खुशी में जच्चा के प्रथम बार घर से बाहर निकलने के उपलक्ष्य में मनाई जाती है। इस परंपरा में सभी रिश्तेदार, मित्र, गली-मोहल्ला और गाँव के लोग शामिल होते हैं। यह कार्यक्रम ठीक एक शादी की तरह का होता है, खर्चा और खानपान भी। उस जननी औरत के मायके की तरफ से बहुत सारे सामान के साथ ही पीतल की सजी हुई टोकणी भी लाई जाती थी। उसी टोकणी में तय समय और मुहूर्त पर जच्चा औरत दुल्हन की तरह सजधज कर डीजे के पीछे-पीछे लोकगीत गाती बहुत सारी औरतों के झुंड के साथ चलती हुई गाँव के कुएँ तक जाती थी और कुएँ से पानी की टोकणी भरकर उसी तरह धूम-धड़ाके से डीजे के साथ घर वापस आती थी। आगे-आगे डीजे चलता था जिसके आगे ग्रामीण, रिश्तेदार, मित्र आदि मस्ती में नाचते हुए चलते थे। कुएँ की दूरी घर से बमुश्किल दो-चार सौ मीटर ही होती थी जिसके आवागमन में तीन-चार घंटे का समय लग जाता था। मस्ती इतनी कि नाचने वाले डीजे के आगे से हटते ही नहीं।

मित्र का पुश्तैनी घर हरियाणा के जिला महेंद्रगढ़ के नारनौल शहर में है जो ऐतिहासिकता के साथ ही सांस्कृतिक विरासत को भी अपने-आप में समेटे हुए है। हरियाणा का दूर-दक्षिणी छोर राजस्थान सीमा से सटा हुआ पिंक सिटी जयपुर के निकट बसा हुआ राजस्थानी और हरियाणवी आबोहवा से सराबोर एक खूबसूरत शांत शहर। द्वापर कालीन इस शहर का प्राचीन नाम नंदीग्राम है जिसका उल्लेख भागवत पुराण में भी मिलता है। पानीपत के दूसरे युद्ध में शाह कुली खान द्वारा सम्राट हेमू को गिरफ्तार करने की खुशी में अकबर ने इसे उपहार स्वरूप शाह कुली खान को दे दिया था। अकबर के ही समय में यहाँ एक टकसाल होती थी जहाँ सिक्के ढाले जाते थे । इस टकसाल पर टोडरमल का नियंत्रण होता था। सो हमने चंडीगढ़ से नारनौल का टिकट ले लिया। गर्मी में उत्तर के एक छोर से हरियाणा के दूसरे छोर तक एक लम्बा और थकाऊ सफर। चूंकि कुआँ-पूजन का समय परंपरागत शाम चार-पाँच बजे का ही होता है, तो मित्र की सख्त हिदायत थी कि हम एक दिन पहले ही पहुंचें। तय समय पर हम मित्र के घर जा पहुँचे। जब हम उनके घर पहुँचे तो बहुत सारे रिश्तेदारों का जमावड़ा लगा हुआ था। तय तिथि पर शाम को मौसम ठीक होते ही बाजे-गाजे के साथ सभी लोग जच्चा को लेकर कुआँ-पूजन के लिए निकले। यह ठीक वैसा ही दृश्य था जैसा घुड़चढ़ी के समय होता है, फर्क था तो बस इतना कि सभी लोगों की तरह जच्चा भी सिर पर खाली टोकणी लेकर

डीजे के पीछे-पीछे चल रही थी। वैसे तो नारनौल शहर में बहुत सारी ऐतिहासिक इमारतें हैं लेकिन जहाँ कुआँ-पूजन होना था उसके साथ ही शहर का प्रसिद्ध और ऐतिहासिक जलमहल था, जिसे देख उत्सुकतावश दो-तीन साथियों संग उधर चला गया। इसका थोड़ा-बहुत परिचय जो यहाँ उपलब्ध और स्थानीय लोगों से मिली जानकारी इस प्रकार है - जलमहल शाह कुली खान ने हिजरी सन् 999 (1590-91) में बनवाया जो सम्राट अकबर के शासन काल (1556-1605) में नारनौल का नवाब (गवर्नर) था। सोलह महराबों पर बने पुल से होकर गुजरते हुए इस महल का प्रवेशद्वार उत्तरी दिशा में है। सुरक्षा कक्षों से घिरे हुए महल के वर्गाकार केंद्रीय कक्ष के चारों कोनों पर चूने के पलस्तर से युक्त प्रस्तर द्वार हैं। यहीं पर हल्के रंगों के अभियोजनों द्वारा ज्यामितीय एवं वनस्पतीय आकृतियों का सुन्दर अलंकरण किया गया है। दूसरी छत अष्टभुजाकार छतरी तथा अर्द्धचंद्राकार गुंबद से सुसज्जित है। द्वितीय मंजिल के चारों कोनों पर बने कक्ष छतरियों से सुसज्जित हैं। इस स्मारक को भारत सरकार की अधिसूचना संख्या 825 दिनांक 07 अप्रैल,1951 के अन्तर्गत राष्ट्रीय महत्व का स्मारक घोषित किया गया है। मुगलकालीन शैली में बना यह महल ऐतिहासिकता, सुंदरता के साथ-साथ अनेक रहस्यों से परिपूर्ण है। इसके केन्द्रीय कक्ष की भीतरी गुंबदनुमा छत पर ईरानी स्ट्रक्चर में डायमंड के आकार की हाथ से बनी ज्यामितीय आकृतियाँ बनी हुई हैं। इन दीवारों पर फारसी में आयताकार कलमें भी लिखी हुई हैं। इस महल के निचले हिस्से में सुरंगनुमा गैलरी है जो राजा और शाही परिवार के सदस्यों के आने-जाने के काम आती थी।

इसके साथ ही शाह कुली खान द्वारा अपनी बहन के लिए बनवाया मकबरा भी है जिसे शाह कुली खान की बहन के मकबरे के नाम से ही जाना जाता है। इस मकबरे के निचले भाग में सुरंगों का जाल-सा बिछा हुआ है जिसके अनेक रास्ते मकबरे में ही इधर -उधर निकलते हैं। ये सुरंग इतनी संकरी हैं कि इनमें बैठकर रेंगना पड़ता है। अंधेरा घना होने और डर की वजह से हम इसमें नहीं गए। इस मकबरे में उनके परिवार के सदस्यों की कब्रें भी हैं। फिलहाल यह जर्जर हालत में है।

चूंकि रात हो चुकी थी इसलिए कहीं और नहीं घूम सकते थे। एक मित्र ने बताया कि पास ही "बीरबल का छत्ता" भी है, अकबर के नौरत्नों में से एक। इस किले (छत्ते) का निर्माण नारनौल के दीवान राय बाल मुकुंद दास द्वारा करवाया गया था। यह एक पाँचमंजिली इमारत है, जिस पर पाँच छतरियाँ बनी हुई हैं। इन्हें बीरबल की छतरियाँ भी कहते हैं। इन्हीं छतरियों की वजह से

नारनौल को "छतरियों का शहर" के नाम से भी जाना जाता है। बीरबल का असली नाम महेश दास भट्ट था जो एक हिंदू ब्राह्मण थे और पेशे से पनवाड़ी थे। अकबर ने ही बीरबल को "वीरवर" नाम दिया था जो आगे बीरबल के नाम से प्रसिद्ध हुआ। बीरबल नारनौल आते थे तो इसी महल में रुकते थे। इसीलिए इसे बीरबल का महल या बीरबल का घर भी कहते हैं। 'छत्ता' का मतलब ही है 'घर'। इस महल से भी तीन सुरंगें निकलती हैं जो दिल्ली, खेतड़ी और जयपुर को आपस में जोड़ती हैं।

जब हम वहाँ से मित्र के घर वापिस आए तो रस्म अदायगी का कार्यक्रम चल रहा था। पूरे आँगन में चारपाइयाँ बिछी हुई थीं जिन पर जच्चा के मायके की ओर से अन्य रिशतेदारों द्वारा भेंट किया हुआ सामान सजा था तथा बीच में रिश्तेदार एवं घर के सदस्य बैठे हुये थे जिन्हें भेंट की सूची अनुसार वस्तुओं के नामों को ऊंचा बोलकर सुनाया जा रहा था। रात्रि-भोज में खाने का वैसा ही प्रबंध था जैसा शादी-ब्याह में होता है, टेंट, भांति-भांति के व्यंजन। खाना खाकर हम एक अन्य सहकर्मी मित्र के घर जाकर सो गए जो वहाँ से करीब दस कि.मी. दूर था। इन दोनों स्थानों के बीच नारनौल से पश्चिम दिशा में बीकानेर-जैसलमेर मार्ग पर ढोसी की प्रसिद्ध पहाड़ी है जिसकी दूरी नारनौल से तकरीबन सात किमी है। क्योंकि यह हरियाणा और राजस्थान की सीमा पर स्थित है, सो यह दोनों राज्यों में फैली हुई है और इसका अधिकतर हिस्सा राजस्थान में ही है। ढोसी गाँव भी जिला झुंझुनूं राजस्थान में ही पड़ता है जिसके नाम पर इसका नाम ढोसी की पहाड़ी है। इसका प्राचीन नाम आग्नेय गिरि है जो विश्व की सबसे प्राचीन पर्वतमाला अरावली का एक सुप्त ज्वालामुखी है। इसका ऊपरी भाग समतल है जहाँ कभी च्यवनऋषि का आश्रम हुआ करता था, जिनके नाम पर च्यवनप्राश बना है। इसके बारे में दो मत हैं - एक यह च्यवनऋषि ने स्वयं बनाया, दूसरा यह अश्विनीकुमारों ने बनाया और च्यवनऋषि के नाम पर इसका नाम च्यवनप्राश रखा। यों रात को ही मैंने इसे देखने की इच्छा जाहिर कर दी थी सो सुबह पाँच बजे उठ खेतों की ओर घूमने चले गए। कहने को हरियाणा महक राजस्थान की वही बलुआ रेत, सपाट-सूखे खेत, खेजड़ी के पेड़, वही पहनावा, वही भाषा। वहाँ से लौटते ही तीन बाइकों पर आरूढ़ हो हम कुल सात लोग ढोसी की पहाड़ी की ओर चल पड़े। चलते समय दो बड़ी बोतलें जीरा मिली लस्सी की भर ली थी। पहाड़ी की तलहटी में पहुंचकर हमने एक सुरक्षित स्थान पर बाईक खड़ी कर दी। अब आगे की यात्रा पैदल ही करनी थी। पहाड़ी पर चढ़ाई हेतु कोई मोटरमार्ग नहीं था। एक संकरी पगडंडी थी जिस पर हमें चढ़ाई करनी थी। सूरज देवता चढ़

आए थे, सुबह साढ़े सात बजे हमने पैदल चढ़ाई शुरू कर दी। जैसे-जैसे ऊपर चढ़ते गए, दृश्य खूबसूरत होते गये। नीचे की ओर देखने पर खेत और गाँव बड़े सुन्दर नजर आ रहे थे। थोड़ा और ऊपर चढ़ने पर सहकर्मी मित्र ने नीचे बसे गाँव के एक मकान की तरफ इशारा करके बताया कि उस मकान में हरियाणवी फिल्म "लाडो" को फिल्माया गया था। गर्मी का प्रकोप ज्यादा होने के कारण एक साथी बीच रास्ते में ही बैठ गया। साढ़े आठ बजे हम मुख्य मंदिर पहुंचे। मुख्य मंदिर चोटी से काफी नीचे उतर कर है। इस पहाड़ी की ऊंचाई मुख्य मंदिर के स्थान पर 5000 फीट है लेकिन यह मंदिर ऊंचाई से काफी नीचे उतरकर पहाड़ी के बीच समतल-से स्थान पर स्थित है। ऊपर पहुंच कर आश्चर्य होता है, इतनी ऊंचाई पर पहाड़ की चोटी पर इतना बड़ा समतल हराभरा मैदान! माना जाता है कि अज्ञातवास के दौरान सोमवती अमावस्या के दिन पांडव भी यहाँ आए थे। एक मान्यता के अनुसार नारनौल के पास स्थित थाना गाँव के चढ़ाई गेट पर पाँच किलो छटाँकी पत्थर भीम ने रखा था जिस पर आज भी मित्तल परिवार के लोग जडूला उतारते हैं। यह एक प्रथा है जिसे सामान्यतया मुंडन के नाम से भी जाना जाता है। गौरतलब है कि मुंडन सिर्फ लड़कों का ही होता है।

इस पहाड़ी पर सतयुग में च्यवन ऋषि ने तपस्या की थी। च्यवन ऋषि महर्षि भृगु के वंशज थे जिनका जिक्र ऋग्वेद, पुराणों और महाभारत में भी आता है। ऋग्वेद में च्यवन ऋषि का उल्लेख एक वृद्ध और कमजोर व्यक्ति के रुप में मिलता है। परशुराम और नारद को भी इन्हीं के वंश में गिना जाता है। माना जाता है कि च्यवन ऋषि 7000 वर्षों तक यहाँ समाधिस्थ रहे थे। एक बार सूर्यवंशी राजा शर्याति की पुत्री राजकुमारी सुकन्या यहाँ आई। ध्यानमग्न ऋषि के शरीर पर बांबी चढी होने के कारण केवल नेत्रों के छेद दिखाई दे रहे थे। सुकन्या ने जिज्ञासावश उनमें कांटे चुभो दिए जिस कारण ऋषि की आँखों से रक्तधारा बह निकली। सुकन्या को जब सच्चाई का अहसास हुआ तो उसने स्वयं को आजीवन च्यवन ऋषि की सेवा में समर्पित कर दिया। कहते हैं कि जब ऋषि च्यवन यहाँ ध्यान में लीन थे तब देवताओं के वैद्य अश्विनी कुमार यहाँ आकाशमार्ग से गुजरे थे। उनकी सलाह पर च्यवन ऋषि ने सोमरस पाने के लिए यज्ञ किया था जिसे रोकने के लिए इन्द्र ने वज्र का प्रहार करना चाहा था लेकिन च्यवन ऋषि ने उनके हाथ को हवा में ही रोक दिया था। यह स्थान तत्कालीन वसुंधरा नदी के किनारे है जिसे आजकी दूधवा नदी के नाम से जाना जाता है। इस पर्वत को तब आर्चक पर्वत के नाम से जाना जाता था। महाभारत के अनुसार आर्यों के तीन प्राचीनतम ऋषियों में से एक भृगु ऋषि

थे। कुरु जनपद में बहनेवाली वसुंधरा नदी के पास च्यवन ऋषि का आश्रम था, जो आजकल ढ़ोसी की रमणीक पहाड़ी के नाम से प्रसिद्ध है। शतपथ ब्राह्मण के अनुसार राजकुमारी सुकन्या से विवाह के पश्चात यहीं कुण्ड में स्नान करके च्यवन ऋषि रोगमुक्त होकर युवावस्था को प्राप्त हो गए थे। इसी कूप को आजकल चंद्र कूप के नाम से जाना जाता है। यह कूप मुख्य मंदिर से थोड़ी दूर ही स्थित है। इस कूप के नाम से याद आया यह एक गहरा, बड़ा और चौड़ा-सा कुआँ है। इसमें एकसाथ तीन-चार लोग नहा सकते हैं। तब पानी सतह से छह-सात फीट नीचे था । नहाने के लिए ऊपर से पानी में छलांग लगानी पड़ती थी। कुएँ से बाहर आने के लिए कुएँ की दीवार में करीबन दो-दो फुट के अन्तराल पर अन्दर की तरफ ही लोहे की क्लिप-सी लगी थी जिनकी मदद से ऊपर तक आया जा सकता था, साथ ही एक मोटी मजबूत रस्सी भी कुएँ में स्थायी रुप से लटकाई हुई थी जिसे पकड़कर दीवार से पैर लगाकर ऊपर तक आया जा सकता था। जिनको तैरना नहीं आता था उनके लिए एक लम्बी रस्सी से बंधी बाल्टी रखी थी। बाल्टी की सहायता से पानी कुएँ से खींचकर नहा सकते हैं। हम सभी मित्रों ने पूरी दोपहर छलांग मार-मारकर कुएँ में स्नान किया। इतने सूखे और मारु इलाके में वो भी इतनी ऊंचाई पर यह कूप एक अजूबे जैसा था।

पं. जगन्नाथ भार्गव ने, जो जयपुर राज्य की ओर से नारनौल में वकील थे, अखिल भारतीय भार्गव सभा के समक्ष एक रिपोर्ट पेश की (साल याद नहीं) जिसमें चंद्र कूप की मरम्मत और मंदिर के निर्माण का अनुरोध किया गया था। 7,8,9 नवम्बर, 2003 को अखिल भारतीय भृगु सभा ने महर्षि च्यवन, भृगु और राधा-कृष्ण की मूर्तियों की स्थापना की जबकि प्राचीन मंदिर का निर्माण खेतड़ी महाराज ने करवाया था।

सूर्यदेव अलसुबह

कुमार सतीश
(पता :- हिसार, हरियाणा)

अभी तो पीले दिख रहे हो,
अभी लाल हो जाओगे।
जितना शीतल लग रहे हो,
मिनटों में बदल जाओगे।
तेवर तुम्हारे दिख रहे हैं
लगता आग बरसाओगे।
जान निकल गई गर्मी से,
कितना और रूलाओगे ?
कितने सुन्दर दिख रहे हो,
कब रंग बदल जाओगे ?
क्यों लाल-पीले रहते हो,
क्या ऐसे ही सताओगे ?
कभी आराम भी करते हो,
या आग ही बरसाओगे ?
तंदूरी मुर्गे बन गए हम,
कब तरस खाओगे ?
पूरा मई तो निकाल दिया,
क्या जून में भून ही डालोगे ?
अब तो शांत हो जाओ,
कितने बिजली-कट लगवाओगे ?
दिन तो बैठकर काट लेते हैं,
क्या रातों को भी जगाओगे ?
दिनभर तो लूओं में तपाते हो,
अब रातों में भी जलाओगे ?
ताजा भट्टी खरीदी है क्या,
जो गर्म हवा चलाओगे ?
पहाड सारे जल रहे हैं,
क्या इंसानों को भी जलाओगे ?
थोड़ा शांत हो जाओ अगर,
तभी तो बादल आएंगे!
तुम शांत हो जाओ तो,
तभी तो पानी बरसाएंगे!
पानी बरसेगा शीतल जब,
तभी तो पौधे हर्षाएंगे।
धरा होगी हरी-भरी फिर,
तभी तो चैन से जी पाएंगें।

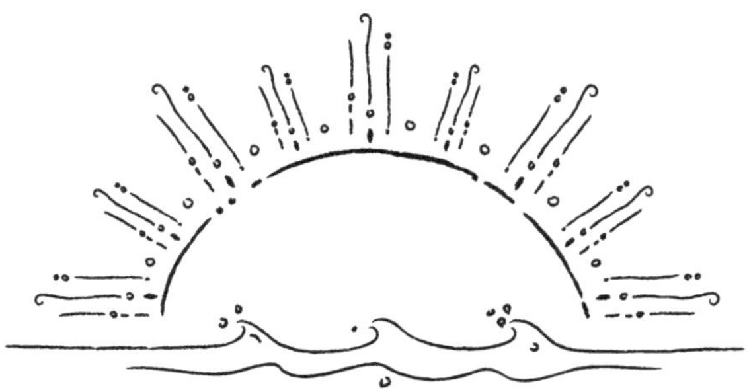

धरा की पुकार

खजान सिंह
(पता :- उदपाल्टा, उत्तराखण्ड)

सुनो, विश्व के जनमानस
मैं धरा हूं पुकारती ।
हर प्राणी को जीवन देती
असंख्य जीव हूं पालती ।।

मैंने उपजाई वन संपदा
न्यारी दिया सभी को पोषण ।
आज मैं रो रही हूं
मेरा हुआ असीमित शोषण ।।

सुन मेरे पुत्र मानव
ना तू मुझ पर जुल्म कर ।
छोड़ दे अब मुझे सताना
ना तू अकाल मृत्यु मर ।।

बेजुबां मैंने जीव हैं पाले
पला सभी का पेट ।
शाकाहार तूने छोड़ दिया
किया पशु आखेट ।।

आंखें खोल जीवन बचा
उपजा ले वृक्ष हजार ।
खिल उठेगा मेरा आंचल
सुंदर बनेगा संसार ।।

नेकी पे तू चलना

अरुणा अग्रवाल
(पता :- लोरमी, मुंगेली, छत्तीसगढ़)

नेकी के बराबर नहीं कोई यहां,
धरम, न्याय, शील, नैतिक, सुजान,
सत्य की राह कंटक भले, जहान
लक्ष्य भी होगा सुखद, उषा, सिन्दूरी॥

जिसकी लालिमा ललित, सुन्दर
पंछी, पशु, मानव हेतु प्रीतिकर,
प्रकृति की विभा में चमके नेकी
झूठ, फरेब का असमय अन्त होता॥

इसलिए श्रीकृष्ण, राम ने की नेकी,
दुख से दूर, सफलता पग छूती,
अंदर कुछ, बाहर कुछ न अच्छा,
नेकी का बोया मीठा, सदा सच्चा॥

इतिहास भी गवाह इस बात का,
धर्म-परायण मानव विभूति,
ऐसे जन-मानस का यदाकदा,
आना होता, पर साथ रहे नेकी॥

नेकी तो नेकी रहेगा न दो राय,
कवि, लेखक का प्रिय अभिप्राय,
नेकी पे अडिग रहो फल मीठा,
नीम का बोया, आम न ही पेठा॥

कविवर कबीर दास

अरुणा अग्रवाल
(पता :- लोरमी, मुंगेली,
छत्तीसगढ़)

निर्गुण का गुण गाया कविवर,
राम को माना परम सुखधाम,
सादगीपूर्ण जीवन बिताया मुरार,
सहज, सरल भाषाओं में लिखा उत्तम॥

हिन्दी, खड़ी बोली, प्राकृत, संस्कृत, पाली
खिचड़ी बोली भी कहा गया आली,
गुरु का हो सतत मान और सम्मान,
सचिदानंद स्वरूप का किया ध्यान॥

बहुआयामी व्यक्तित्व के थे धनी,
न था तनिक विद्या का गुमान,
प्राचीन से आजतक रहे सर्वोच्च,
कवि, लेखक, पाठक करें स्तुति, सम्मान॥

नयी शिक्षा-प्रणाली औ पाठ्यक्रम,
पठित, लिखित एवं सर्वविदित राम,
जातपात, उच्च-नीच के भेद से दूर,
विकसित मानसिकता किया सुरूर॥

भूत, वर्तमान और भविष्य तक सफ़र,
मुमकिन नहीं भूल जाना ऐसे फ़नकार।
कालजयी महापुरुष, धर्मपरायण धन्य,
जयंती पे श्रद्धा-सुमन तहे दिल, अर्पण॥

मैं नारी हूँ

पूर्णिमा सिंह
(पता :- नागपुर, महाराष्ट्र)

मैं नारी हूँ, मैं नारी हूँ, उस विधाता की आभारी हूँ।
चंचल, चपला, चंद्रमुखी-सी
फिर भी रहूँ डरी सहमी रुकी-रुकी-सी।
मैं लक्ष्मी, दुर्गा, सरस्वती जी
फिर भी चाहे लोग रहो अजन्मी ही सी।
नाम रखा ज्ञान की देवी
फिर भी क्यों रखते अज्ञानी-सी?
मैं नारी हूँ, मैं नारी हूँ, उस विधाता की आभारी हूँ ।।

मीठे स्वर कंठ में मेरे भरे
ईश्वर ने फिर क्यों मुख खोलने और
बोलने का साहस ही नहीं दिया मुझ में,
अगर सपने देखूँ बड़े-बड़े, उड़ना चाहूँ, छूना चाहूं आकाश,
फिर क्यों पैरों में समाज की बेड़ियाँ रहूँ बंद पिंजरे में?
तो कैसे पंख खोलूँ और उड़ूँ निर्विघ्न खुले गगन में?
मैं नारी हूँ, मैं नारी हूँ, उस विधाता की आभारी हूँ ।।

संस्कृति, परंपराओं और सभ्यता का भार संभालूँ,
फिर भी रखते रीति-रिवाज और
पाखंड की जंजीरों में जकड़कर
हर काम को करने में सक्षम हूँ,
फिर क्यों रखते चारदीवारी में कैद कर?
मैं नारी हूँ, मैं नारी हूँ, उस विधाता की आभारी हूँ ।।

सूरत सबको भाए मेरी तो क्यों पर्दा है सूरत पर मेरी?
माँ, बहन, बेटी, प्रियसी कहलाऊँ,
फिर भी नजर पड़े किसी की और नजर उठे तो
मैं क्यों गलत ठहराई जाऊँ और
नजर में सबकी क्यों मैं ही गिरती जाऊँ?
मैं नारी हूँ, मैं नारी हूँ, उस विधाता की आभारी हूँ ।।

मैं जननी, जन्मदात्री बनकर वंश को लेकर आगे जाऊँ,
फिर क्यों माँ की कोख में ही मार दी जाऊँ?
सबको पूजन करना मेरा नवरात्रि में ही,
बाकी दिन क्यों भूल जाते देवी रूप मेरा?
मैं नारी हूँ, मैं नारी हूँ, उस विधाता की आभारी हूँ ।।

नारी न होगी तो नर जन्म कहाँ से पाएँगे?
फिर कैसे ये अपना वंश आगे बढ़ाएँगे ?
फिर किसको माँ कहकर बुलाएँगे,
किससे रक्षा सूत्र बंधवाएँगे,
किसको प्रियसी और अर्धांगिनी बनाएँगे?
समाज... समाज न रह जाएगा,
विरानी बस्ती में कौन रह पाएगा?
अब भी रक्षा कर लो नारी की,
नहीं तो स्थिति भयावह हो जाएगी।
नारी है तो शक्ति है, नारी है तो भक्ति है।
मैं नारी हूँ, मैं नारी हूँ, उस विधाता की आभारी हूँ ।।

पाखंड

राजेन्द्र प्रसाद पटेल 'रंजन'
(पता :- खड्डा, मध्य प्रदेश)

परिवर्तित इस काल में, बदले सब आयाम ।
ईश्वर पाने के लिए, भज लें केवल नाम ।।
भज लें केवल नाम, लगा लें चंदन टीका ।
बाढ़े दाढ़ी-मूंछ भले ही मन हो फीका ।।
बोलें मीठे बोल, कर्म में नहीं समर्पित ।
परिभाषित पाखंड, भाव भी हैं परिवर्तित ।।

करनी-कथनी में सुनो, है पाखंडी ताल ।
मतलब के सब लोग हैं, बिगड़ा सारा हाल ।।
बिगड़ा सारा हाल, सेव कड़वा है फलता ।
उठकर है पाखंड, भले मानुष को छलता ।।
गीता का उपदेश, कर्म सी होवे भरनी ।
तज दें सब पाखंड, सर्व हित कर लें करनी ।।

योगी बन भोगी बने, पलट गया है योग ।
लोभ-मोह के चक्र का, उभर पड़ा संयोग ।।
उभर पड़ा संयोग, नहीं पीड़ा है दिखता ।
लेखक भी उस राह, व्यर्थ की बातें लिखता ।।
मिले न कोई वैद्य, खोज फिरते सब रोगी ।
दिल है काला-कांठ, बने तन से सब योगी ।।

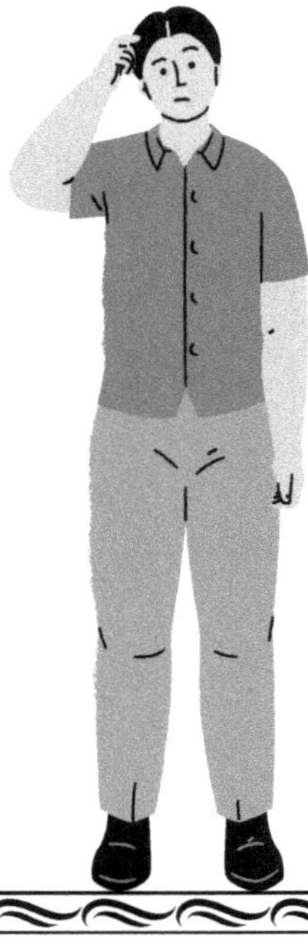

समता जो जग चाहते, छोड़ो सब पाखंड ।
दवा नहीं वह जानिए, जीवन का वह दंड ।।
जीवन का वह दंड, बना देता अपराधी ।
खान-पान के बाद, उम्र पाया है आधी ।।
सुखी बने संसार, कर्म में होवे ममता ।
ऊँच-नीच को छोड़, बजे मानव में समता ।।

सब कुदरत का रंग

राजेन्द्र प्रसाद पटेल 'रंजन'
(पता :- खड्डा, मध्य प्रदेश)

कुदरत का खेल है,
वियोग और मेल है,
पथ में चलते चल,
निराश न हो प्यारे ।
मिले उतार-चढ़ाव,
प्रेम से होवे पड़ाव,
छाया गगन का वहाँ,
चमकते सितारे ।
भक्त हो भक्ति करना,
लोभ न दिल भरना,
यह धरा है समझ,
तुम्हारे ही सहारे ।
धरती का पराग है,
महक अरे ! बाग है,
आशा का बिछा चादर,
तेरे कर किनारे ।।
न मैं तेरा न तू मेरा,
सभी हैं हरि का डेरा,
सागर सी लहर हैं,
भूल कहीं न जाना ।
दौड़ न हीरे-मोती को,
दौड़ो रोटी-धोती को,
छाया हो अपना एक,
मानो शेष बहाना ।
तुझसे तेरा मान हो,
अँधियारे का भान हो,
हो लगाम मन पर,
दिल का हो दीवाना ।
सत्कर्म हमारी पूजा,
उसके बिना न दूजा,
रे मानव ममता से,
मोती दीप जलाना ।।

आज की नारी

बेटी रूप में या बहन रूप में कभी बन माँ
घर की जिम्मेदारी को,
आज की नारी निभा रही है।
पति की धुरी खुशहाल घर की नींव
बनकर पत्नी दिखा रही है।
पुरुषों से वह कदम मिलाकर
हर कदम बढ़ाना जानती है
हो चाहे डाक्टर या इंजीनियर
हर पद को अलंकृत कर रही है।
जीवन के हर दौड़ में वह
पुरुषों से अब बेहतर है
है जीवन की असली कलाकार वह,
पुरुष समाज को बतला रही है।
नारी है अस्तित्व सृष्टि की
अब नही है उसकी कातर छवि,
खोयी नही अब वह गुमनामियों में
अपनी प्रतिभा के दम पर अब,
चहुंओर पताका फहरा रही है।
कभी सावित्री,लक्ष्मीबाई, कभी
कल्पना बनकर वह,
अंतरिक्ष में उड़ान अब भरती है
नही है अब वह अशक्त अबला
बन रणचण्डी झुठला रही है।
आज की नारी खुले आसमान
में उड़ने को है अब आतुर,
बांध जिम्मेदारियों का जूड़ा
अपने सपने को पंख लगा रही है।
इक्कीसवीं सदी की है यह नारी
बनकर इन्दिरा सी लौहमहिला,
थोपी निज ऊपर बेड़ियां और
कड़ियां वह अब तोड़ रही हैं।
नारी-मुक्ति का शंख बजेगा
घर-घर में यह आवाज उठेगी
स्वावलंबन और स्वछन्द भाव
से यही हौसला अब भर रही हैं।

नीलम सरोज
(पता :- जौनपुर, उत्तर प्रदेश)

समय की कीमत

देवनारायण निषाद
(पता :- गिरौद, धमतरी, छ.ग.)

फ़साना जिंदगी का,आज सुनाने आया हूँ
ना हुआ बरगद तो क्या, सोच मैं छोटे पौधे की छाया हूँ।

थक हार के ना बैठ, ठोकरों की मार से
ठोकरों से ही तुम्हें,चलना सिखाने आया हूँ।

अगर फँस गए, बुराई के महा दलदल में
तो ये सोच कि,इसी में कमल खिलाने आया हूँ।

हर राह के अंधे मोड़ से, तुम्हें गुजरना होगा
इसी अंधे मोड़ में,तुम्हें राह दिखाने आया हूँ।

सुख और दुख, नदी के दो किनारे हैं
मेरी नाव से तुम्हें,मंजिल तक पहुंचाने आया हूँ।

पल भर में इंसान को,पहचान मिल जाती है
आज तेरी बारी है,तो तेरे पास आया हूँ।

मत सोच कि मैं कौन,मेरा वजूद क्या है
अरे मैं समय हूँ,तुम्हें अपनी कीमत बताने आया हूँ।

मेरा गाँव कहाँ है

देवनारायण निषाद
(पता :- गिरौद, धमतरी, छ.ग.)

वो बेर का फल,अमरूद की मिठास,
वो आम और ईमली की चटपटी खटास,
बरगद की वो शीतल छाँव कहाँ है
छोटा सा मेरा गाँव कहाँ है।

आपस की वो हँसी ठिठौली,बुजुर्गो की कहानियाँ
लोगों का वो भोलापन, बचपन की नादानियाँ
सुख-दुख का भाईचारा, और वह लगाव कहाँ है
छोटा सा मेरा गाँव कहाँ है।

वो दोस्तों की मंडली,वो पगडंडी रास्ते
खेल में लड़कर मिलते थे दोस्ती के वास्ते
बचपन के खेल का वो दाँव कहाँ है
छोटा सा मेरा गाँव कहाँ है।

घर मे गायें और बछड़ों का माँ-माँ
चिड़ियों की चहचहाट और कौए का काँव
कोयल की मधुर तान कहाँ है
छोटा सा मेरा गाँव कहाँ है।

नारी की कामयाबी : नर की ज़िम्मेदारी

आकांक्षा अग्रवाल
(पता :- शालीमार बाग, दिल्ली)

आज के आधुनिक युग में जब महिला पुरुष के साथ कदम से कदम मिलाकर चल रही है बल्कि यूँ कहें कि महिलाएँ पुरुषों की तुलना में घर व बाहर का काम करने में दस कदम आगे हैं, तब उनकी सफलता समाज के लिए गर्व का विषय होना चाहिए परन्तु कई बार यह पुरुषों में असुरक्षा और अवसाद उत्पन्न करती है। यह असुरक्षा अक्सर अनकही रहती है और महिलाओं के प्रति नकारात्मक रवैया पैदा करती है।

हमारे समाज में पारंपरिक रूप से पुरुषों को प्रमुख कमाने वाला और निर्णायक माना गया है। जब महिलाएँ इस भूमिका को चुनौती देती हैं और सफल होती हैं तो कुछ पुरुष इसे अपनी पारंपरिक भूमिका के लिए खतरा मानते हैं। इस बदलाव से उत्पन्न असुरक्षा जलन का कारण बनती है।

कई बार पुरुष महिलाओं की सफलता को प्रतिस्पर्धा के रूप में देखते हैं। उन्हें लगता है कि महिलाओं की सफलता उनके खुद के करियर के अवसरों को कम कर रही है। यह प्रतिस्पर्धात्मक भावना जलन का कारण बनती है।

जब महिलाएँ कार्यस्थल या अन्य क्षेत्रों में उत्कृष्टता प्राप्त करती हैं तो कुछ पुरुषों का आत्म-सम्मान और अहंकार चोटिल होता है। उन्हें यह स्वीकार करना मुश्किल होता है कि महिलाएँ उनसे बेहतर प्रदर्शन कर सकती हैं।

परिवार और समाज का दबाव भी पुरुषों की जलन का कारण बन सकता है। जब समाज महिलाओं की सफलता की प्रशंसा करता है तो कुछ पुरुष इसे अपनी विफलता के रूप में देखते हैं। यह सामाजिक दबाव उन्हें असुरक्षा और जलन की भावना से भर देता है।

महिलाओं की सफलता पुरुषों के मानसिक स्वास्थ्य पर भी नकारात्मक प्रभाव डाल सकती है। जलन और असुरक्षा की भावना तनाव, अवसाद और आत्म-सम्मान की कमी का कारण बन सकती है।

पुरुषों की अनकही जलन का सामना करते हुए महिलाएँ भी मानसिक और भावनात्मक तनाव का अनुभव करती हैं। यह उनके आत्मविश्वास और कार्यक्षमता को प्रभावित कर सकती है।

कई बार महिलाओं की सफलता पारिवारिक जीवन में तनाव का कारण

बन सकती है। पुरुषों की असुरक्षा और जलन से पारिवारिक संबंधों में खटास और विवाद उत्पन्न हो सकते हैं। इस असुरक्षा को दूर करने के लिए समाज को अपनी सोच में बदलाव लाना होगा। महिलाओं की सफलता को एक सकारात्मक दृष्टिकोण से देखना आवश्यक है।

शिक्षा और जागरूकता के माध्यम से लैंगिक समानता को बढ़ावा देना होगा, पुरुषों को महिलाओं की सफलता को प्रेरणा और सकारात्मक प्रतिस्पर्धा के रूप में देखना चाहिए।

समाज में समानता और सद्भावना को बढ़ावा देकर हम नारी की सफलता को सही मायनों में सराह सकते हैं और सभी के लिए एक सकारात्मक और प्रेरणादायक वातावरण का निर्माण कर सकते हैं। हमारे समाज में कितने ही पुरुष ऐसे हैं जिन्होंने खुद से पहले महिलाओं को आगे बढ़ाने का सराहनीय प्रयत्न किया। नारी सशक्तीकरण के लिए पुरुषों की भूमिका अत्यधिक महत्वपूर्ण होती है। पुरुषों द्वारा महिलाओं के लक्ष्यों और आकांक्षाओं में सहयोग करने से न केवल महिलाओं का विकास होता है बल्कि संपूर्ण समाज की प्रगति भी सुनिश्चित होती है।

आइए नारी को आगे बढ़ने में उसके सहायक बनें न कि बाधक।

"नारी की सफलता, समाज की सफलता!"

ख़्वाबों की दुनिया

आकांक्षा अग्रवाल
(पता :- शालीमार बाग, दिल्ली)

ख़्वाबों की दुनिया, एक रहस्यमय अद्वितीय,
हर स्वप्न, हर इच्छा, हर कल्पना अनन्त प्रवाह।
जहाँ सपनों के मन्दिर बसाए,
ख़्वाबों के पंखों पर उड़ जाए।
रंगीन छवियों की रानी, सपनों की महारानी,
उस अनजान दुनिया में विचरण, हर पल नई कहानी।
स्वाभिमान की ऊँचाइयों पर चढ़ कर,
अपने विश्वास के ध्वज को लहराए बार-बार।
ख़्वाबों की दुनिया, जहाँ अनगिनत संभावनाएँ हैं,
हर एक स्वप्न के पीछे एक अद्वितीय कहानी है।
मन की उड़ान से आकाश छू लें,
ख़्वाबों के संग नये रास्तों पर चलें।
ख़्वाबों की दुनिया, जो आत्मा का आवास है,
हर एक सपने में विश्वास है, हर एक इच्छा का सार है।
अपने स्वप्नों की पूर्ति के लिए बनाए रास्ता,
ख़्वाबों की दुनिया में, हर सपना सच बन जाए।

'हौसला' जीत का

काजल कुमारी
(पता : पांडेश्वर, पश्चिम बंगाल)

जीतना हक़ है तुम्हारा
बहुत हार देख लीं तुमने,
बहुत ताने सुन लिए तुमने,
बहुत रो लिया औरों के लिए
बहुत कर लिया सबके लिए ।
अब बारी है खुद को बदलने की,
अब बारी है खुद के लिए कुछ करने की
अब बारी है खुद में साहस भरने की ।।

लोग तुम्हें स्वार्थी बोलेंगे तैयार रहना,
लोग तुम्हें अभिमानी बोलेंगे तैयार रहना,
लोग तुम्हें अनदेखा करेंगे तैयार रहना ।
ये सब ज़रूरी है एक बड़ी जीत के लिए
लोग तुम्हे गुमरह करेंगे याद रखना
ख़ुद को हर रोज़ याद दिलाइये कि
'जीतना हक़ है तुम्हारा'।।

चमन में क्यों नहीं आया

विजय कुमार सिन्हा
(पता :- गया, बिहार)

हमारी ज़िंदगी में इस तरह कोई क्यों नहीं आया।
महकते फूल के गुंचे लिए कोई क्यों नहीं आया ।।

कली बेचैन थी,भँवरे अभी तक क्यों नहीं आये?
बहारों का कोई झोंका, चमन में क्यों नहीं आया?

दरो-दीवारों से तुम भी हमें मुफ़लिस समझ बैठे,
हमारे दिल को, अबतक लूटने कोई क्यों नहीं आया?

तुम्हारे हुस्न के सैलाब में बहकर हम कहाँ पहुँचे,
बचाने आजतक मंझधार में कोई क्यों नहीं आया ?

अगर अर्थी उठी होती तो कंधा लोग भी देते,
जलाने आग चूल्हे की, यहां कोई क्यों नहीं आया?

लगता है बागवान की नीयत खराब है

विजय कुमार सिन्हा
(पता :- गया, बिहार)

मुरझाया हुआ क्यों चमन का हर गुलाब है?
लगता है बागवान की नीयत खराब है।

पहचानना मुश्किल है, बहुत आदमी को अब,
चेहरे पे आम तौर पे सबके नकाब है।

सच बोलने वाले की जबाँ काट दी गई,
जो बोलता है झूठ, वही लाजवाब है।

अब इंकलाब के लिए मुद्दे नहीं रहे,
कुर्सी के लिए सिर्फ यहां इंकलाब है।

हमको तो सूखी रोटियाँ मुश्किल से है नसीब,
उनके लिए कबाब है, मुर्गा शराब है।

अबतक अंधेरे में गुजरती है जिंदगी मेरी,
कहने के लिए सर पे मेरे आफताब है।

मेरी ज़िन्दगी

बबीता कुमारी
(पता :- पांडेश्वर, पश्चिम बंगाल)

मेरी ज़िन्दगी एक खुली किताब है,
पढ़ो तो पन्ने हजार हैं,
कुछ गम के पल हैं तो,
खुशी के पल खास हैं।
कुछ हँसती हुई पंक्तियां हैं,
तो रोते अल्फाज़ हैं,
मेरी ज़िन्दगी एक खुली किताब है।

चेहरे की हँसी भी दिखावट सी है,
असल ज़िन्दगी भी बनावट सी है।
शब्द कम होते हैं मेरी बातों में,
ख़ामोशी की जैसे मिलावट सी है।
पहले ऐसा नहीं होता आजकल,
मेरी कहानी कहावत सी है।
मेरी ज़िन्दगी एक खुली किताब है।

सोचती थी मैं अक्सर,
क्या है ज़िन्दगी?
सब कुछ तो है,
पास पर कुछ भी नहीं।
कहने को तो सारी
दुनिया अपनी है ,
पर इस दुनिया में कोई,
अपनों के जैसा नहीं।
जीवन में उलझन ही उलझन है,
क्या इनका कोई हल नहीं?
जीवन के हर एक मोड़,
पर एक नया सवाल है।
मेरी ज़िन्दगी एक खुली किताब है।
पढ़ो तो पन्ने हजार हैं,
मेरी ज़िन्दगी एक खुली किताब है।

दीपों की रात

लक्ष्मी नारायण लहरे 'साहिल'
(पता :- सारंगढ़, छत्तीसगढ़)

दीप जले उजियाली छायी,
घर-आंगन में खुशियाँ आयी।
जगर-मगर, जगर -मगर,
घर-घर, गली-गली,
चहुँ दिशा खुशियाँ छायी।
दीपों की पंक्ति सजी,
दीपों की रात सुहानी आयी।
दीप जले उजियाली छायी।
जन-मन में उमंग है छायी।
उत्सव-उमंग की है घड़ी,
अमावस की धुंध छँट आयी।
आंगन में फुलझड़ी जली,
जन-जन में प्रेम बढ़े,
उत्साह, उमंग बढ़े,
आंगन में है फिर खुशियाँ आयी,
दीपों की रात से नई खुशियाँ आयी।
दीप जले उजियाली छायी।
नन्हे बच्चों में है खुशियाँ लौट आयी,
घर के बड़ों का मनोबल लौट आयी,
जगर-मगर, जगर-मगर,
दीप जले ..
दीप जले उजियाली छायी।
दीपों की रात खुशियाँ आयी।

जीवन झूठे आशाओं में बीत गया

लक्ष्मी नारायण लहरे 'साहिल'
(पता :- सारंगढ़, छत्तीसगढ़)

रिश्तों में मिठास घोलने की कोशिश होती रही,
कितने उत्सव बीत गए,
रिश्तों में सन्दर्भ ढूंढता रहा,
जिनको सँवारा स्नेहिल संस्पर्शों से,
छलते रहे हमें झूठे आशाओं से।
नहीं था कोई उनसे अनुबंध,
परिचित के थे सब,
वे स्वार्थ से बंधे थे,
वेदना उनके अंदर मर चुकी थी,
स्नेहिल धूप में आँखे मूंदे बैठे थे,
जीवन के समीकरण में सिर्फ विषाद के पक्षधर थे।
उन्हें भटकाती रही उनकी तृष्णाएँ,
वे अपनों से भी छल-कपट करते रहे।
गहरा था रिश्ता, परिचित राहें थीं,
कितनी बार छला गया,
सपने दिखाए गए,
मुस्कुराकर सह लिए सब कुछ,
अल्हड़पन ने सिखाया जीवन का सच।
विश्वास के दर्पण से जब बाहर झांका,'
रिश्तों की परिभाषा समझ पाया।
टूट गए सपने और अनुबंध,
जिसकी नींव झूठ, कपट से खड़ी हुईं थी।

नई सड़क

डॉ० जय प्रकाश प्रजापति
(पता :- कानपुर, उत्तर प्रदेश)

जीवन अपनी गाड़ी से बड़ी मस्ती से चला जा रहा था। उसकी पत्नी और बच्चे भी साथ में थे। अचानक उसे लगा उसकी गाड़ी एक गड्ढे में गिर गई है। उसने उतर कर देखा तो पाया सड़क धँस गई है। अगला पिछला पहिया गड्ढे में था। सड़क अभी नई नई बनी थी। पांच साल बाद तो नई सड़क बनी थी। पहली ही बरसात में वह धँस गई थी। लोग कार गिरने की आवाज सुनकर जीवन की ओर भागे। राजू भी उनमें एक था। पत्नी और बच्चे घबरा गए। बच्चे तो यह हादसा देख रोने लगे।

कुछ लोगों ने कार में धक्का लगा कर कार को गड्ढे से बाहर निकाला। सड़क को बने अभी एक हफ्ता ही हुआ था। कल ही तो बारिश हुई थी। इस सड़क को बनवाने में कितना पसीना बहाना पड़ा था। एक अस्वाशन के बाद ही सड़क बनवाई गई थी कि वोट हमें ही मिलना चाहिए। लेकिन दुर्भाग्य सड़क का वह एक हफ्ते में ही जगह जगह गड्ढे का शिकार हो गई। हमारे सपने धरे के धरे रह गए। सड़क जैसी थी फिर वैसी हो गई, क्योकि अभी दो दिन पहले ही चुनाव सम्पन्न हुए थे।

जीवन ने रामू से कहा, "भइया! नगर निगम ने कैसी सड़क बनवाई है, एक ही हफ्ते में टूट गई?"

"भाई! आप जानते ही हो कि यहाँ ऊपर से नीचे तक सबकी कमीशन चाहिए। जिसको न मिले वही अड़ंगा लगा देता है। किससे किससे पंगे वाजी ले ठेकेदार, वह भी सबको कमीशन दे कर जो बचता है उसकी सड़क बनवा देता है फिर चाहे वह रहे या बहे" रामू बोला।

"भइया! बात तो तुम बिल्कुल सही कह रहे हो। यही बात तो पूर्व प्रधान मंत्री स्वर्गीय राजीव गाँधी जी ने भी कही थी। भृष्ट्राचार् इस देश के लोगों में रग रग में भर चुका हैं। यहाँ हर कोई विकास के नाम पर सरकारी धन लूट रहा है। ऊपर से नीचे तक सभी जानते हैं लेकिन होता कुछ नही, क्योकिं इसमें सबका हिस्सा होता है। मरी बेचारी जनता, जिसे इन सड़कों पर रोज चलना होता है" जीवन ने रामू से गम्भीर होकर कहा।

तभी एक छुट भइया नेता आ जाता है। वह धमकाते हुए बोलता है, "यहाँ

नेता गिरी मत करो, यही क्या कम है कि तुम्हारी जान बच गई, वर्ना तो बहुत से लोग ऐसा पुल बनवाते हैं कि कितनों की जान चली जाती है, जाओ अपना काम करो, नही तो आज नही तो को कल जेल में दिखाई दोगे।"

जीवन ने अपने बच्चों को गाड़ी में बैठाया। और यह कहते हुए चल दिया कि यह हमारा ही करा धरा है, हम ऐसे नेता क्यों चुनते हैं, जो पूरी तरह से भृष्टाचार में लीन हैं, इसके लिए जनता ही जिम्मेदार है नेता नही। चुनावों में खूब सारा धन लेकर बिक जाते हैं ये सब। अब तो भगवान् ही मालिक है इस देश का।।

मेरा वोट

डॉ० जय प्रकाश प्रजापति
(पता :- कानपुर, उत्तर प्रदेश)

शीला जैसे ही अपना वोट डालने के लिए कमरे में घुसी तो वहाँ बैठे चुनाव अधिकारी ने बताया कि आपका तो वोट पड़ गया है, आप दोबारा नही डाल सकती।

"मैं वोट डाल चुकी! मैं तो अभी आ रही हूँ, फिर मेरा वोट कैसे पड़ गया?, यह तो सरासर धांधली है।" शीला जोर से चिल्लाई।

बाहर बैठे दो गार्ड जल्दी से अंदर आये तो देखा शीला उनसे शिकायत करने लगी। वे बोले, "इसमें हम लोग कुछ नहीं कर सकते।"

शीला बोली, "आप मेरा हस्ताक्षर दिखाइये।"

"नहीं, हम कुछ भी दिखा नही सकते, हमें जो निर्देश मिले हैं वैसे ही काम कर रहे हैं। मैडम! प्लीज, आप हम लोगों को परेशान न करें, घर जाएं।" वहाँ बैठा ऑफिसर बोला।

शीला गुस्साती हुई बाहर निकल आई। उसने कई लोगों को यह बात बताई, किंतु कोई भी उसकी सुनने की तैयार न थी। लोग सुन कर हँस देते और कहते, "यह तो हर चुनावों में होता है।"

तभी एक आदमी जिसका नाम बुद्धू था उसके पास आया और बोला, "बहन जी! मैं सुबह से यहीं हूँ, मेरा वोट भी कोई डाल गया, सब इनके ही चमचे हैं, आप हम कुछ नहीं कर सकते।"

"हाँ भाई साहब! अब नेता जनता के लिए करता तो कुछ, केवल हेर फेर कर के जीत जाता है, उसे ऐसे वोट जो नहीं मिलने होते पहले ही डलवा देते हैं, ऐसा ही हमारे साथ हुआ है।" शीला बोली।

"बहन जी! यहाँ कहने को लोकतंत्र है, किंतु है नही, बलशाली अब भी हावी हैं। यह देश इनके ही इशारे से चलता है। आप घर जाएं।" बुद्धू बोला।

"हाँ भाई साहब! हम जा रहे हैं, किंतु मैं इन धोखेवाजों को बद्दुआ देती हूँ कि जिन्होंने ऐसा किया है वह कभी सुखी न रहे, वह कभी जीत न सकें, अगर ऐसे लोग जीतेंगें तो देश का भला करने के वजाय बुरा ही करेंगें।" शीला बोली।

"आज कल ऐसे ही लोग सफल हैं।" बुद्धू बोला और अपने घर की ओर चल दिया।

मेरा बेटा

डॉ० जय प्रकाश प्रजापति
(पता :- कानपुर, उत्तर प्रदेश)

"बेटी! मेरा बेटा कब आयेगा?, उसकी बहुत याद आती है, बहुत दिनों से यहाँ नही आया।" अस्सी साल की राजरानी ने बेड पर करवट बदलते हुए अपनी बेटी कांता से पूँछा।

"माँ! तुम दिन भर बेटा बेटा चिल्लाती रहती हो, उसको आपकी याद नहीं आती। जबसे यहाँ आई हो उसका फोन नहीं आया। अगर उसको तुम्हारी चिंता होती तो वह तुम्हें यहाँ भेजता क्यूँ?" कांता ने कहा।

"अरे! वह मेरा बेटा है, उसको बुलाओ, मैं कब से नहीं मिली हूँ, एक बार तो आकर मुझसे मिल ले।" माँ ने फिर कांता से कहा।

"नहीं माँ! मैं उसे फोन नही कर सकती। जबसे तुम यहाँ आई हो, उसका कोई फोन नहीं आया है। जब तुम अपने बेटे के घर थी तब कौन तुम्हारी सेवा कर रहा था। कोई भी तो नहीं। तुम्हारा बेटा व बहू खाने देने को तैयार न थे तभी तो मैं तुम्हें यहाँ लाई थी। वरना क्या? मैं इतना दर्द क्यों लेती?, आखिर तुम मेरी माँ हो, दुख को सहन नहीं कर पाई, तभी तो तुम्हें अपने घर ले आई। यहाँ क्या दुख है तुम्हें?" कांता ने अपनी माँ को समझाते हुए कहा।

राजरानी का घर कोलकता में था। उसके एक बेटी व एक बेटा था। बेटी का नाम कांता और बेटे का नाम श्रीकांत था। बेटी की शादी उज्जैन में और बेटे की शादी दिल्ली में की थी। कांता खुश मिजाज लड़की थी। वह अपने पति के साथ खुश थी। उसके भी एक लड़का और लड़की थी। राजरानी के पति धर्मेंद्र चक्रवर्ती का कई साल पहले देहांत हो गया था। श्रीकांत की जैसे शादी हुई वह दिल्ली में ही रहने लगा। उसकी पत्नी आराधना ने कोलकाता जाने से इंकार कर दिया। बेचारी राजरानी एकेले ही जीवन काट रही थी। वह कई बार बीमार पड़ी तो उसने बेटे को बुलाया किंतु बेटा नहीं आया। वह बहुत दुखी थी। अब तो उसने अपनी बहन कांता से भी बात चीत करना बन्द कर दिया था।

एक दिन राजरानी बहुत बीमार पड़ी तो बेटी को रहा नहीं गया। वह उसे अपने घर ले आई। लेकिन आज तक श्रीकांत का कोई फोन नहीं आया था। माँ अपने बेटे को मिलने को तरस रही थी।

कांता की जिंदगी भी बड़ी व्यस्त थी। वह भी जॉब करती थी और बच्चे

बाहर पढ़ रहे थे। माँ घर पर अकेले न रहे इसके लिए एक नर्स का इंतज़ाम कर दिया था। नर्स माँ की दिन भर सेवा करती। कांता को सुबह शाम जब भी समय मिलता माँ की सेवा करती और बातचीत करती। किंतु उम्र ने राजरानी को थका दिया था।

"देख कांता! तू मुझे मेरे बेटे से मिलवा दे, वही तो है जो मेरी क्रिया कर्म करेगा।" राजरानी ने अपनी बेटी कांता से फिर कहा।

"माँ! मैं क्या कोई नहीं जानता वह रहता कहाँ है, तुम उससे कैसे मिलोगी?, माँ तुझे क्या हो गया है, जिस बेटे ने तुझे ठुकरा दिया तू दिन भर उसको रटती रहती है, माँ परेशान न हो तुम्हारी बेटी तो है, मैं तुम्हारा क्रिया कर्म करूँगी", कांता ने माँ को फिर समझाया।

तभी पता नहीं क्या हुआ, माँ बैठी बैठी पीछे की ओर लुढ़क गई। कांता चिल्लाई, "माँ! माँ! क्या हुआ?"

कांता माँ को पकड़ने दौड़ी, तब तक माँ शांत हो चुकी थी। कांता मन ही मन बोली, "माँ के लिए आज भी बेटा ही सब कुछ था, बेटी दोयम दर्जे की ही बन कर रह गई ।"

अपना सूरज आप बन जाओ

समीउल्लाह खान
(पता :- खम्मम्, तेलंगाना)

जो कह रहे हो,
कर दिखलाओ।
सत्य पथगामी बन कर,
ज़िन्दगी की ऊंची उड़ान भरने,
अपना स्थान स्वयं बनाओ,
अपना सूरज आप बन जाओ।
अपनी दक्षताओ पर स्वयं विश्वास रखो,
कामयाबी हासिल करके,
झूठ, फरेब, धोखाधड़ी को ठोकर मारो,
अपने माता-पिता के सपने साकार करने,
निज उन्नति के ऊँचे शिखरों पर,
सफलता का परचम लहराओ।
सत्य पथगामी बन कर अपना स्थान स्वयं बनाओ।
अपना सूरज आप बन कर,
दुनिया में रोशन चिराग जलाओ।
आजीवन सत्य पथगामी बन कर अपना जीवन बिताओ।
पारलौकिक जीवन को स्वर्ग तुल्य बनाओ,
सत्कर्म करते हुए जीवन में मुमुक्षु बन जाओ।

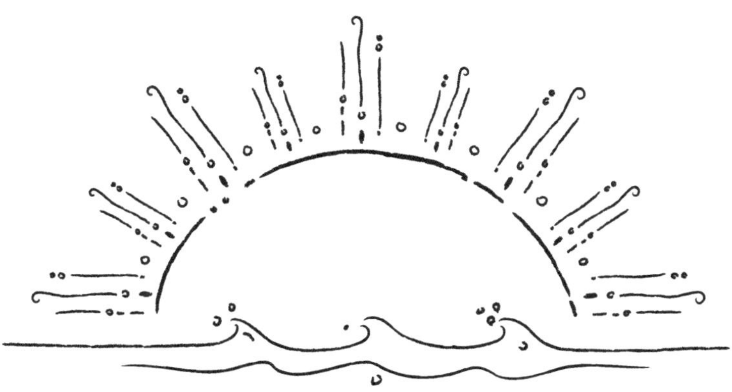

ये दूरियाँ सही न जाय

समीउल्लाह खान
(पता :- खम्मम्, तेलंगाना)

दिल है कि मानता ही नहीं,
ये दूरियाँ, ये फासले सहता ही नहीं मेरा दिल।
कोई मेरे दिल को चुरा कर,
नज़रों से गायब हो गया।
वो नज़रों से गायब हो कर भी दिल में बस गया।
दिल है कि मानता ही नहीं,
ये दूरियाँ, ये फासले सहता ही नहीं मेरा दिल।
न तबाह कर मेरे प्यार को आज-कल,
आज-कल कहते हुए न डुबो दे,
मुझे मोहब्बत के सागर में।
ये निगाहें तुझे ढूंढ़ने महफ़िलों में भटक रही हैं,
मोहब्बत की बहारों की चमन में।
मैं भी तेरे इंतज़ार में कांटों के बीच खिलते गुलाब सा,
प्यार की खुशबू से महक रही हूं।
दिल है कि मानता ही नहीं!
ये दूरियाँ, ये फासले सहता ही नहीं मेरा दिल।

तेरा प्यार ही मेरी ज़ीस्त है

समीउल्लाह खान
(पता :- खम्मम्, तेलंगाना)

तू हमेशा के लिए मुझ से रुखसत हो गयी।
मैं अपनी ज़ीस्त की हाले हकीकत क्या बताऊं सनम!
मैं तो अब बेगाना हो गया हूं।
मेरा दिल अब समझता नहीं है,
कितना भी समझाऊं! अब हसरतें मौन हो गयीं।
अब अंतरमन में पहले जैसे
प्यार की खुशबू महक रही नहीं !
अब दो दिलें राह भटक गयी हैं।
मंजिलें अलग हो गयी हैं।
अब मेरा दिल मन चाही गुफ़्तगू किससे करेगा?
तेरे प्यार के ख़ुमार का नशा ऐसा चढ़ा,
कि बिन तेरे मेरा जीना मुश्किल हो रहा है।
अब मैं हाले ज़ीस्त की हकीकत क्या बताऊं सनम!
तू मेरे प्यार को आधा अधूरा छोड़ कर राजमार्ग में चल बसी,
मैं ज़ीस्त के सुख-दुखों को तेरे प्यार से ही बांट लिया था।
अब मेरी ज़ीस्त कटी पतंग बन गयी बिन तेरे प्यार के।
तेरे इंतज़ार में बीती वो मीठी यादें,
अब सुदूर मंज़िलें बन गयीं।
अब मेरा दिल पत्थर बन गया।
मैं अपने प्यार के ख़ुमार को किससे बांट लूं!
तेरे प्यार के बिन मेरी ज़ीस्त अधूरी बन गयी।
अब मेरे हाले हकीकते दिल
किसको बताऊं सनम?

जीवन संगिनी

समीउल्लाह खान
(पता :- खम्मम्, तेलंगाना)

मुझे पढ़ना उतना आसान नहीं है यार!
मैं हल्की स्याही से लिखी गई,
गहरी भावनाओं से भरी इक पुस्तक हूं।

मुझे पढ़ना उतना आसान नहीं है यार!
एक दिन में मुझे नहीं पढ़ सकती हो तुम!
मुझे अपने बारे में समझ कर,
लिखने में कई वर्ष लगे!
मुझे एक दिन में क्या तुम समझोगी?

मैं कुछ लिखने के लिए मोतियों जैसे शब्द ढूंढ रहा था कि एक,
अनामिका ने मुझे अपनी निगाहों से निगाहें मिला कर पढ लिया!
वो साक्षर है कि निरक्षर या होशियार! मुझे तो पता नहीं!!
बस वही तो मेरी जीवन संगिनी बन गयी।
वही तो मेरी पसंद और मैं उसका पसंदीदा जीवन साथी बन गया।
वही तो मेरी प्यारी जीवन संगिनी बन गयी।
उसने तो थोड़ी ही देर में मुझे अपनी निगाहों से पढ़ लिया।
मुझे हमेशा के लिए जीवन साथी बना लिया अपना।
यही तो है मेरा अनोखा प्यार।

हाँ, यही प्यार है

गोपाल कृष्ण वाणी
(पता :- इन्दौर, मध्य प्रदेश)

"क्या मतलब ऐसी किताबों का जिसका ज्ञान, आचरण मे ही न उतरे... इससे तो अनपढ़ ही अच्छे।" यहां वहां बिखरी किताबों को समेटते हुए गुस्से मे कहे गए आंटी के ये शब्द अंकल को चुभ गए।

"मेरे लिये अलमारी में कुछ जगह बची हो तो किताबें रखूं। अलमारी को तो आर्टिफिशियल ज्वेलरी का शोरूम बना रखा है" - विरोध में अंकल सिर्फ बड़बड़ा कर रह गए।

अंकल भी क्या करते बेचारे, छोटे से मकान मे एक ही तो एकस्ट्रा अलमारी थी। एक समय था जब अलमारी पर उनकी किताबों का एक छत्र राज था। परंतु शिष्टाचार निभाते हुए किताबों ने आंटी की ज्वेलरी को अलमारी में थोड़ी सी जगह क्या दे दी, धीरे धीरे इन नकली आभूषणों ने अपनी संख्या बढ़ाते हुए किताबों को एक एक करके बाहर का रास्ता दिखा दिया। अब स्थिति यह हो गई थी कि किताबें अपना रात्रि विश्राम घर के किस कोने में करेगी यह अंकल पर निर्भर करता। हर सुबह अस्तव्यस्त रखी किताबों को एक ही जगह पर सलीके से रख रख कर धैर्य खो चुकी आंटी ने, अबकी बार गुस्से मे 'पढ़ें लिखे गंवार' क्या कह दिया,बस दिल पर ले लिया अंकल ने।

अंकल और आंटी के बीच इस विषय पर तकरार चलती रहती थी। परंतु बातचीत बंद होने की नौबत शायद ही कभी आई हो। लेकिन इस बार तो दो दिन हो चुके थे।

इस 'मौनव्रत' ने अंकल को अवसर दे दिया था अपने संघर्ष भरे जीवन के अब तक के सफर के यादों की जुगाली करने का....

....कैसे.. पिंटू के बी.ई. मे एडमिशन होते ही फीस भरने की समस्या खड़ी हो गई थी... और कैसे आंटी ने अपने एकमात्र सोने के हार को बेचकर पिंटू के कालेज की फीस भरकर इस समस्या को हल कर दिया था।

महत्वाकांक्षी जया ने घर की आर्थिक स्थिति को भांपकर किसी बड़े कालेज के बजाए सरकारी कालेज से पढ़ाई करने का फैसला कर लिया था।कालेज बहुत दुर था,अतः अंकल ने अपनी स्कूटी जया को दे दी और फिटनेस का बहाना बनाकर स्वयं के लिये सायकल को चुन लिया था।

भीगी पलकें लिये अंकल जी किसी तरह यादों के गलियारे से बाहर आए। जीवन में एक साथ किया गया संघर्ष अदृश्य प्रेम को जन्म देता है। शिकवे-शिकायत, रुठना -मनाना, ये सब तो प्रेम को ताजगी और गहराई प्रदान करते है। उसी प्रेम की उष्णता से शिकायतों के ग्लेशियर अब धीरे-धीरे पिघलने लगे थे, जिससे दोनो के मन द्रवित हो रहे थे।

अंकल को अपनी गलतियां नजर आने लगी थी- "आखिर क्या गलत कहा रमा ने? अगर इतना पढ़ लिखकर भी सलीके से रहना नही आया तो गंवार ही तो हूं मैं, और फिर कई बार पढ़ी हुई किताबें अब किस काम की।"

अंकल का मन ग्लानि से भर गया "सोने के आभूषण तो अब रहे नहीं रमा के पास, ऐसे में अगर आर्टिफिशियल ज्वेलरी से अपने शौक पूरे कर रही है, तो क्या गलत कर रही है।

इधर आंटी को भी अपने कहे पर पश्चाताप हो रहा था - "किताबे ही तो पढ़ते हैं कोई शराब सिगरेट तो पीते नहीं।जब अलमारी ज्वेलरी से भरी हो तो वो भी किताबे कहां रखें। सारी गलती मेरी है। और फिर रोज रोज बदलते फैशन के दौर मे पुरानी ज्वैलरी से मोह करके भी क्या फायदा। "

देखते ही देखते दो और दिन निकल गए। आज दोनों की मैरिज एनिवर्सिरी थी, पर अभी भी दोनों के मुंह फुले के फूले थे। घर में सन्नाटा पसरा था, जब तक कि दोनो बच्चे जया और पिंटू कॉलेज से नहीं आ गए।

"हैप्पी मैरिज एनिवर्सिरी "दोनो ने एक साथ कहा।

पिंटू ने गिफ्ट अंकल की और बढ़ाते हुए कहा "पापा ये आपके लिए, जरा बताइए पसंद आया कि नही।"

अंकल ने जैसे ही रैपर हटाया उसमें से एक किताब निकली "ईशावास्य उपनिषद"।

अंकल थोड़े नाराज हो गए - "फिर एक किताब,अच्छा बच्चू तुम लोग चाहते हो कि मम्मी पापा ऐसे ही झगड़ते रहे।"

"नहीं पापा ,आपको फोन पर एक दो लोगों से इस किताब के बारे मे पूछते हुए सुना है मम्मी ने। इसलिए अपनी कुछ ज्वैलरी बेचकर यह किताब लाने का आयडिया मम्मी का ही है" --पिंटू ने कहा।

"हां पापा, वैसे ही जैसे आपने सभी पुरानी किताबें बेचकर उन पैसों से मम्मी के लिए यह ज्वैलरी बॉक्स पसंद किया है " - मम्मी को गिफ्ट देते हुए हुए जया ने कहा। अंकल और आंटी डबडबाई आंखों से एक दूसरे की ओर देखने लगे। एक दूसरे की इच्छाओ का सम्मान, पूर्ण स्वीकार्यता, त्याग और जीने की थोड़ी स्वतंत्रता।.... क्या यही प्यार है ...?

शिक्षा का अधिकार

काकाली नाग दास
(पता :- पश्चिम सिंहभूम, झारखंड)

हमको पढ़ना - लिखना सीखना है।
जानना है, क्या बुरा और क्या भला है।।
ए! देश हमें क्या देता है।
और देश के लोग हमसे क्या लेते है।।

पढ़ाई नहीं करूंगा तो पृथ्वी को जानूंगा कैसे।
अपने भीतर के अंधेरे को मिटाऊंगा कैसे।।
देश को निरक्षरता के अंधेरे से बचाना है।
इतिहास में अपना नाम रचना है।।

पढ़ाई नाम का अस्त्र रखूंगा,
तो दुश्मन भी शीष झुकाएगा।
पढ़ाई नहीं करूंगा तो
चल-चल के कहां तक पहुंचूंगा।

कामयाबी का रास्ता तो पढ़ाई से ही बनता है।
पढ़ाई तो इंसान को बनाता है।।
हमें बचपन से ही काम मत कराओ,
हमें स्कूल जाने दो।

दो वक्त की रोटी के लिए सुबह-शाम मेहनत करना।
इससे बेहतर पढ़ाई करके इज्जत कमाना।।
डॉक्टर, बनकर बीमारौ को बचाऊंगा।
टीचर, बनकर बच्चों में ज्ञान का दीपक जलाऊंगा।।

मंदिर के सामने से गुजरते ही,
सबके हाथ उठते है प्रणाम के लिए।
स्कूल के सामने से जाते ही अपना हाथ,
उठता हुँ कॉपी - किताब को छुने के लिए।।

पढ़ाई-लिखाई हमारा हक है।
जन्मसिद्ध अधिकार है।।

मंजिल नजदीक है

शैलेंद्र कर विमल
(पता :- जबलपुर, मध्य प्रदेश)

हर सुबह प्रतीक है,
हर सुबह भी एक मंजिल है,
हम हैं राही, उत्साहित होकर,
हम मंजिल से बेइंतहा
मोहब्बत करते थकते नहीं हैं।

मंजिल नजदीक है,
मैंने समय सारिणी बना ली है,
बेहतर ऑप्शन मैंने
मन-ही-मन सोच ली है,
प्रयासों से अब सीढ़ियां
चढ़नी बाकी हैं।

मंजिल नजदीक दिखने लगी है,
बारिश की दस्तक होने लगी है,
धान की पिरोई करनी बाकी है,
लहलहाते खेतों के सपने
रोज़ नज़र आने लगे हैं।

गहन परिस्थितियों में
समाधान ढूंढना है,
प्रतियोगिता बढ़ रही है,
उत्साह से आगे बढ़ना है,
उदाहरण सामने रखकर
एकाग्रता से पढ़ना है,
मुझे पहली पंक्ति में खड़े होकर
मात-पिता का सुनहरा
सपना पूरा करना है।

अपने चारों ओर मंजिलों को देखता हूं,
सफलता की कुंजी परिश्रम है,
एहसास करता हूं,
मैं पुरजोर कोशिश करने
में कसर नहीं छोड़ता हूं,
मंजिल नजदीक है,
गुनगुना करके आगे बढ़ता रहता हूँ।

मेरा आत्मविश्वास प्रगति पथ पर है,
मेरे कदम खुद कर्त्तव्य पथ पर अग्रसर हैं,
अंग्रेजी पढ़ने बोलने से
गुरेज नहीं करता हूँ,
मैं सभी भाषाओं, बोलियों में मानवता से
रोज साक्षात्कार करता हूं।

रविवारीय चिन्तन

शैलेंद्र कर विमल
(पता :- जबलपुर, मध्य प्रदेश)

रविवार के दिन
हर कोई चाहता छुट्टी,
रसोई घर में जाकर देखो
कैसे मिलेगी धर्मपत्नी को छुट्टी।

किन नियमों की बात करें,
किस दिनचर्या का पालन करें,
पहले अपनी दिनचर्या निर्धारित करें,
फिर सोचें, और रविवार को भी नियमित करें।

एक दिन रसोईघर गुजार कर देखो,
बस ऐसा भी थोड़ा विचार कर देखो,
कैसा लगता है जरा कलम से उतार कर देखो,
क्या-क्या काला है, दीवारों पर नजर उतार कर देखो।

बिना मेहनताने की आशा के चल रही,
उसमें किफ़ायत की प्रक्रिया है चल रही,
युगों युगों से है यह नियति बखूबी चल रही
और हमारी नियमों पर बकैती नहीं थम रही।

बस एक ही सन्देश देकर कलम को विराम देता हूँ,
एक प्रार्थना है, पहली चाय बनाकर पिलाने की सलाह देता हूं।
अगर हो सके तो इसे अपनी दिनचर्या में आप अपना लीजिए,
मैं आपको सोचने और क्रियान्वयन करने का पुनः अनुरोध करता हूं।

दंगा

बिनोद कुमार सिंह
(पता :- गोपालगंज, बिहार)

वह मई की एक उमस भरी रात थी। दिन में सूर्य देवता की लगाई हुई आग अभी तक बुझी नहीं थी, और ऊपर से तीन दिन से मुसलसल शहर में दंगे हो रहें थे, कभी कहीं तो कभी कहीं, किन्तु इस आधी रात को पूरा शहर सन्नाटे के आगोश में था। कहीं दूर से कभी पुलिस के सायरन की आवाज़ या लावारिस कुत्तों की आवाजों से उस सन्नाटे में जीवन का अहसास हो जाता।

शहर के अंतिम छोर पर एक अँधेरी तंग-सी गली में थोड़े फासले पर दो शख्स हाथों में डंडा लिए खड़े एक दूसरे को हमला करने से पहले पहचानने की कोशिश कर रहें थे, हमला कर दे और अपने ही मज़हब का हो, शायद दोनों यही सोच रहें थे।

कुछ देर इंतजार करने के बाद उनके सब्र का बांध टूटने लगा और दोनों के दरम्यान फासला कम होने लगा और कुछ क्षण बाद दोनों आमने-सामने खड़े थे। जैसे ही दोनों ने एक-दूसरे को पहचाना, बिना कुछ बोले एक दूसरे पर डंडे से वार करने लगे।

तक़रीबन आधे घंटे तक दोनों वापस में लड़ते रहे। दोनों का एक-एक हाथ डंडे के वार से टूट चुका था, चेहरे से भी खून टपक रहा था। दोनों बुरी तरह से घायल हो चुके थे। ज़ब हिम्मत जवाब दे गई तो दोनों एक-दूसरे के पास गली में गिर गए और अपनी उखड़ी हुई साँसो को दुरुस्त करने लगे।

शहर में अभी भी सन्नाटा पसरा हुआ था, और दोनों वैसे ही गली में पड़े गहरी-गहरी साँसे लें रहे थे। दोनों का प्यास से बुरा हाल था, ऐसा लगता था अगर कुछ देर और पानी नहीं मिला तो दोनों मर जायेंगे। किन्तु पास में ही नल था, वहाँ जाकर पानी पीने में दोनों असमर्थ थे क्योंकि दोनों के एक एक हाथ टूट चुके थे और पैर में भी काफ़ी चोटें आई थीं। कुल मिलाकर हालात ऐसे थे कि एक-दूसरे के बिना दोनों पानी नहीं पी सकते थे।

"पानी....." एक के मुँह से निकला। "मुझे पानी चाहिए, मैं मरने वाला हूँ"।

"पानी के बिना तो मैं भी मर जाऊंगा", दूसरा बोला।

दोनों फिर चुप हो गए, पर रहते कितनी देर तक। फिर पहला बोला, "तुम किसी तरह नल के पास चलो, मैं भी कोशिश करता हूँ"।

फिर बड़े प्रयत्न के बाद दोनों नल के पास पहुंचे, और एक बचे हुए हाथ से एक-दूसरे को पानी पिलाया। दोनों ने एक-दूसरे के सहारे भर पेट पानी पिया और चुपचाप वहीं लेट गए।

अभी भी भोर होने में काफ़ी समय था।

दंगे वाला गाँव

बिनोद कुमार सिंह
(पता :- गोपालगंज, बिहार)

पिछले लगभग एक दशक से गुरु और शिष्य दोनों गाँव-गाँव घूमकर शांति का सन्देश देते थे। एक दिन वे एक गाँव मे ठहरे हुए थे कि उन्हें पता चला कि दूर कहीं किसी गाँव मे दो गुटों के बीच दंगा हो गया है, जान-माल का भी काफ़ी नुकसान हुआ है। यह सुन दोनों काफ़ी परेशान हो गए और अगले दिन तड़के ही उस गाँव की दिशा में चल पड़े, किन्तु तीन दिन तक लगातार घूमने के बाद भी उन्हें वह दंगे वाला गाँव नहीं मिला। इस बीच दोनों ने कई ग्रामीणों, राहगीरों से उस गाँव के बारे मे पूछा किन्तु किसी को भी उस गाँव के बारे मे अधिक जानकारी नहीं थी। दंगा हुआ था, इतना ही सब जानते थे किन्तु गाँव का नाम बताने मे सभी असमर्थ थे।

थक हारकर तीसरे दिन दोपहर एक पेड़ के नीचे दोनों आराम करने लगे। आराम करते-करते दोनों गहरी नींद मे सो गए और जब नींद खुली तो शाम होनेवाली थी। फिर दोनों जंगल के किनारे-किनारे पगडंडी पकड़कर एक गाँव की तरफ बढ़ने लगे। अभी वे कुछ ही दूर गए थे कि पगडंडी के किनारे मनुष्यों का सिर और दिल देखकर घबड़ा गए। कई सिर और दिल जगह-जगह पड़े हुए थे, कुछ को कौवे नोंच रहे थे तो कुछ पर लावारिस कुत्ते अपना हक जमाये बैठे हुए थे।

"गुरु जी, हमें रास्ता बदल लेना चाहिए, मुझे डर लग रहा है", शिष्य काफ़ी घबरा गया।

"नहीं हम मंज़िल के बिलकुल करीब हैं", कुछ देर सोचने के बाद गुरु जी बोले.

"मै समझा नहीं, कौन सी मंज़िल"?

"वत्स दंगे वाला गाँव बिल्कुल करीब है, अब हमें आगे बढ़ना चाहिए, रात होने के पहले हमें उस गाँव मे पहुंचना है"।

"क्या... दंगे वाला गाँव मिल गया"? शिष्य के समझ में अभी भी कुछ नहीं आ रहा था।

"वत्स, जहाँ मनुष्यों के दिलों और दिमाग़ पर कौवों और कुत्तों का राज हो, दंगा वहीं हो सकता है न"! गुरु जी मुस्कराये।

फिर दोनों आगे बढ़ गए।

बरसात

पल्लवी
(पता :- मोरनी हिल्स,
हरियाणा)

बरसात का मौसम आया
गर्मी से हमें बचाया ।
चलते थे जो कूलर,पंखे
इन सबको भी बंद कराया।

ठंडी-ठंडी हवा जब आती
सबके मन को है भाती ।
बारिश को भी साथ लाकर
धरती की है प्यास बुझाती।

बारिश जब भरपूर है होती
जंगल में हरियाली छा जाती ।
धान की फसल अब रुपती
खेतों में हैं बैल नजर आते।

नदी अब जल पूरा भर लाती
लहरें मस्त हों गाना गाती।
शीतल- शीतल हवा है आती
मधुर-मधुर अब गीत सुनाती।

गर्मी का प्रकोप

रिया ठाकुर
(पता :- मोरनी हिल्स,
हरियाणा)

2024 में मई-जून का दौर,
याद आएगा हमेशा, रात हो या भोर।
हर जगह पंखों का शोर,
गर्म हवा और न के बराबर।
सर्वत्र गर्मी-गर्मी का ही शोर,
याद आएगा हमेशा, रात हो या भोर।

बैठे-बैठे भी आया पसीना,
जैसे घुसा घर में चोर।
हाल-बेहाल ऐसा किया,
घर-घर गर्मी का ही शोर।
याद आएगा हमेशा, रात हो या भोर।

नौ नहीं, महीना तपा इस बार,
मुश्किल हुआ निकलना बाहर।
कहर कुछ ऐसा रहा इस बार,
जले जंगल, घर और बाहर।
याद आएगा हमेशा, रात हो या भोर।

प्रकृति का ये सब रचन,
हो रहा जीवों का पतन।
गर्मी कभी सर्दी चहुँ ओर,
इस बार न हो पाई सहन।
2024 में मई-जून का दौर,
याद आएगा हमेशा, रात हो या भोर।

मजदूर

प्रीति चौरसिया गुप्ता
(पता :- भोपाल, मध्य प्रदेश)

हर सुख से दूर है,
वह मजदूर हैं ।
हर मजदूरी एक सीख देती है,
गारा मिट्टी बोझ एक कहानी कहती है।
खून पसीना उसकी एक विधा कहता है,
पेट भरने की मजबूरी हेतु वह हर जुल्म सहता है।
अपने परिवार के पालन हेतु वह संघर्ष करता है,
हर संघर्ष उसको एक दिशा देता है ।
सत्य लगन निष्ठा से वह
अपना भाग्योदय करता है,
तब वह मजदूर नहीं मशहूर होता है, मशहूर होता है।

जीवन में क्या किया

तुलसीराम "राजस्थानी"
(पता :- नावां सिटी, राजस्थान)

अंगुली
पकड़ कर
जिनको,
चलना सिखाया।
पग-पग पर
तकलीफें उठाई
फिर भी,
उनको हंसना सिखाया।
खुद गीले में सोए
उन्हें सूखे में सुलाया।
संघर्ष किया
तमाम जिन्दगी,
भले ही रूखा-सुखा खाया।
मगर उनको
हर वक्त,
अच्छा खिलाया-पिलाया।
जिनकी
हरेक खुशी के लिए
अपना
तन-मन-धन वार दिया।
यहां तक कि
अपनी खुशियां
गिरवी रख कर,
पूरा जीवन ही खपा दिया।
वो पूछते हैं आज
आपने,,,
जीवन में,
हमारे लिए क्या किया।

सुनलो कजरी गीत

विशाल जैन 'पवा'
(पता :- तालबेहट, उत्तर प्रदेश)

गूँजे गेह तन्हाई आलम, सुनलो कजरी गीत।
छटे अँधेरा जीवन देखो, बन जाये मन मीत।।

खेल भावनाओं से धोखा, किया किसी ने घात।
धैर्य रखें अंतस में झाँकें, सुन लें मन की बात।
यूँ दिल तोड़ दिया जब साजन, स्वयं करेंगे प्रीत।
गूँजे गेह तन्हाई आलम, सुनलो कजरी गीत।।

छटा चाँदनी बिखर रही हो, तारे गिनते रात।
विरह वेदना मिली प्रेम में, पीड़ा को दे मात।
खुशियाँ हों संगीत संग में, पागलपन को जीत।
गूँजे गेह तन्हाई आलम, सुनलो कजरी गीत।।

यह यू पी का लोकगीत है, पूर्व क्षेत्र की शान।
वर्षा ऋतु में सुमधुर गाते, जन क्षुद्र प्रकृति मान।
सावन माह लगे जो प्यारा, गायन की यह रीत।
गूँजे गेह तन्हाई आलम, सुनलो कजरी गीत।।

माँ विंध्यवासिनी शक्तिपीठ, वर्ण्य-विषय विस्तार।
कांतित राजा स्वयं सुता के, प्रिय वल्लभ दुत्कार।
अबला कजरी गाना गाये, वियोग भूल सुनीत।
गूँजे गेह तन्हाई आलम, सुनलो कजरी गीत।।

सज रति भाव श्रृंगार रस में, भक्ति संग भरमार।
राधा-कृष्णा लीलाओं का, वर्णन अनुपम सार।
गाने के निज चार अखाड़े, जानो लोकातीत।
गूँजे गेह तन्हाई आलम, सुनलो कजरी गीत।।

लोकगायिका के प्रचार से, संरक्षण को लेख।
नाम अजीता श्रीवास्तव है, संवर्धन को देख।
जिसे पद्मश्री सम्मान मिला, देखो विधा विनीत।
गूँजे गेह तन्हाई आलम, सुनलो कजरी गीत।।

नीड़

डॉ० पल्लवी सिंह 'अनुमेहा'
(पता :- बैतूल, मध्य प्रदेश)

उतर गया चाँद,
मरूटीलों के पार धीरे से
झील के तल पर
अभी अहसास बाकी है।
सागर के हृदय में
उठे थे ज्वार--
हलचल अभी
तक थमीं नही है।
गौरैया ने नीड़ का
किया था श्रृंगार
दिये थे अंडे
अब बड़े हो गये है-बच्चे
उड़ गए कुछ कहीं दूर
क्षितिज के उस पार
कुछ छटपटा रहे हैं
उड़ने को कहीं भी
अनजान जगह पर
घोसलें खाली हो गये
कभी निशि में विश्रांत
नींद के लिए
रह गई नीरव निशा।
कालचक्र ले गया है
सुमधुर कलरव
सुन्दर प्रभात की आस में
एक नर पक्षी रहा है बीन
गिरे हुए सुखे बीज पेड़ के
इकट्ठे कर रहा है तिनके
जो उड़ गये थे
तूफान में।।

प्रेम क्या है

डॉ० पल्लवी सिंह 'अनुमेहा'
(पता :- बैतूल, मध्य प्रदेश)

प्रेम ---
जिसमें सवालों और जवाबों का
अधिकार दोनों को है
मगर ---
अनादृत होकर भूलने का
किसी को नहीं ---
प्रेम ---
जिसमें प्यार से भरे अभियोग की
अदा दोनों में है
मगर ---
कृतघ्न होने का हक
किसी को नहीं
प्रेम ---
जिसमें एक दूसरे में
खो जाने का उन्माद
दोनों को है
मगर ---
एक दूसरे को खो देने का
हक किसी को नहीं
प्रेम ---
जिसमें नाराज होने का हक
दोनों को है
मगर ---
जुदा होने का हक
किसी को नहीं।।

तोता

नरेश कुमार 'निराला'
(पता :- सुपौल, बिहार)

हरे रंग का सुन्दर तोता,
प्यारा सा मनमोहक तोता।
सीताराम दुहराता तोता,
सबके मन को भाता तोता।

पिंजरा देख डर जाता तोता,
लाल चोंच दिखलाता तोता।
हरी मिर्च को खाता तोता,
पंख फैला उड़ जाता तोता।

जामुन पेड़ पर जाता तोता,
मीठे गीत सुनाता तोता।
कुतर-कुतर कर खाता तोता,
नीले नभ उड़ जाता तोता।

ठुमक-ठुमक कर चलता तोता,
कलाकार भी होता तोता।
करना नकल सिखाता तोता,
इतराता-इठलाता तोता।

आखेटक से डरता तोता,
शेर सी दौड़ लगाता तोता।
कर्कश नहीं सुनाता तोता,
तरु कोटर सो जाता तोता।

पैरों से फल खाता तोता,
सब्जी खूब चबाता तोता।
मिट्ठू नाम बताता तोता,
सुबह-सुबह जग जाता तोता।

वर्षा में प्यार

डॉ० राजेश कुमार
(पता :- कानपुर, उत्तर प्रदेश)

वर्षा का मौसम आता है जब,
सबको बड़ा लुभाता है तब।
प्रेमिका तन को जलाता है वो,
प्रेमी के मन को लुभाता है वो।
सबको प्रेम का संदेश सुनाता है वो,
प्रेमी को प्रेमिका की याद दिलाता है वो।
वर्ष का मौसम आता है जब,
सबको बड़ा लुभाता है तब।
देखकर सावन की उजियारी वो,
उसकी अग्नि विरह बढ़ाता है वो।
नाच उड़ता है अप्सराओं का मन।
कोई कोयल बोल उठती है जब,
याद आती है प्रेमिका की प्रेमी की तब।
वर्ष का मौसम आता है जब,
सबको बड़ा लुभाता है तब।
चारों तरफ झूलों की भरमार होती है जब,
जीव जंतु काम से व्याकुल होते हैं तब।
चारों तरफ झूलों की आवाज होती है जब,
निकल पड़ते हैं प्रेमी प्रेमिका से मिलने तब।
वर्षा का मौसम आता है जब,
सबको बड़ा लुभाता है तब।
पृथ्वी तपन से व्याकुल उड़ती है जब,
बादल वर्षा करके ठंडा करते हैं तब।
सावन की हरियाली अपना दामन छुपाए बैठी होती है जब,
वर्षा के पानी से खुल सी जाती है तब।
वर्षा का मौसम आता है जब,
सबको बड़ा लुभाता है तब।
देखकर हरियाली नाच उठता है मेरा मन,
सुनता हूं प्रकृति के गाने जब।
नाच उठता है मेरा मन तब,

परियाँ नाच उठती हैं बरसात में जब।
गाने गाने लगते हैं किसी की याद में तब,
वर्षा का मौसम आता है जब,
सबको बड़ा लुभाता है तब।
नाच उठता है सावन का वातावरण जब,
खुशियां होती हैं अपार मेरे मन में तब।
प्रेमी, प्रेमिका से मिलते हैं जब,
बरसात का मजा आता है तब।
वर्षा का मौसम आता है जब,
सबको बड़ा लुभाता है तब।

अटल हो

अनिल ओझा
(पता :- इंदौर, मध्य प्रदेश)

विश्व के व्यापक पटल पर,
भारत का सम्मान अटल हो।

भारत मां की हम संताने,
माता का गुणगान अटल हो।।

ऊंचा नित लहराए तिरंगा,
राष्ट्रध्वज की शान अटल हो।

मिले राष्ट्र भाषा का दर्जा,
हिंदी का अभिमान अटल हो।।

जन गण मन सब मिलकर गाएं,
राष्ट्र गान का मान अटल हो।

देश चले जिस संविधान से,
संविधान का सम्मान अटल हो।।

लोक तंत्र के जो हैं प्रहरी,
उनके प्रति विश्वास अटल हो।

रहे सुरक्षित देश की सरहद,
सेना का सम्मान अटल हो।।

राष्ट्र के खातिर क्या करना है,
कर्तव्यों का ज्ञान अटल हो।

कहो गर्व से हम हैं भारतीय,
भारतीयता का भान अटल हो।।

रहे एकता देश में कायम,
भारत की पहचान अटल हो।।

जीने की राह

अनिल ओझा
(पता :- इंदौर, मध्य प्रदेश)

सबको छोटा सा जीवन, मिला है यहां।
इस धरा पर न कोई,अमर है यहां।।

कर्म जीवन में ऐसे,सदा करता चल।
खुशबू कर्मों की फैले,घड़ी और पल।।
है ये निश्चित तू जग में,रहेगा न कल।
नाम तेरा जगत में ,रहेगा अटल।।
याद तुझको सदा ही, करेगा जहां।
इस धरा पर न कोई,अमर है यहां।।

अपने जीवन में कर ले कुछ,ऐसे सृजन।
नित्य फूलों सा महके ,तेरा आचरण।।
तुझको करने लगे ये,जमाना नमन।
तेरे यश और कीर्ति से, गूंजे गगन।
तेरी शख्शियत जिंदा, रहेगी यहां।
इस धरा पर न कोई अमर है यहां।।

तेरे दर कोई आए, अगर लेकर आस।
चुना तुझको प्रभु ने,इस मकसद से खास।।
हो जो सक्षम तो उसको,न करना निराश।
उसके जीवन की राहों में, भर दें प्रकाश।।
होगा स्थान आरक्षित तेरा,ऊपर वहां।
इस धरा पर न कोई ,अमर है यहां।।

सबको छोटा सा जीवन,मिला है यहां।
इस धरा पर न कोई,अमर है यहां।।

मिलन

जलेश्वरी गेंदले
(पता :- पथरिया, छत्तीसगढ़)

तुम मेरे पास हो
सर तेरी गोद में रख,
तेरे नैन से नैन मिला और
बुझ रही जैसे बरसों की प्यास हो।
इशारों में हो रही इस कदर सदियों बिछड़े
कर रही दिल में रखी बात हो।।

हाथों में हाथ लिए कसमें वादे कर मजबूत इरादे
दो मुसाफिर जैसे एक दूजे के जीने की तलाश हो।
देख तुम्हें जीने लगी, जान सकी प्यार क्या है ,
मन में प्यार जगा,भुला क्यों दिया,
मुझे इस कदर, मन में आए कई सवाल हो।।

प्यार करो दुनिया कहती, चाहे प्यार में ही होती लड़ाई हो।
प्यार से प्यार बिछड़ , मिलने की पूरी उम्र एक आस हो
प्यार हो तुम बस जिंदा रहे, ये एहसास हो,
इस जीवन की यही रीति रिवाज हो ।।

दो किनारे मचलता रहा

विषधर शंकर
(पता :- गया, बिहार)

अपने-पराये का खेल खूब सदा से चलता रहा,
मांझी रे नदिया के दो किनारे मचलता रहा ।
जिंदगी में उलझने हैं बहुत खुद उलझना नहीं,
दूसरों को सुलझाते हुए, वो खुद उलझता रहा।

रिश्ते पानी के बुलबुले होते नहीं, याद रखना,
अपनों को आँखों में बसाये, वो संभलता रहा।
जिंदगी हवा का झोंका,और दुनिया का धोखा,
कीचड़ में कभी-कभी पाँव भी फिसलता रहा।

जिंदगी भर ठोंकरें खायी,लानत मलामत और,
सलामत सबकी रहे,वो डरकर संभलता रहा।
आँसू अपने हों या हो बेगाने के, है तो आँसू,
दिद-यै-तर नदियों की तरह सदा बहता रहा।

मुसीबतें पूछकर नहीं आती, सदा याद रखना,
जीवन की गाँठ बाँधे सबको लेकर चलता रहा।
भूल जाते हैं अक्सर, सदा अपने ही लोग यारों,
यह जीवन है,ठोकरें खाकर भी वो चलता रहा।

वक्त बीता तुम्हें हराये हुए

विषधर शंकर
(पता :- गया, बिहार)

वो अपने थे जो पराये हुए,
लो आपके किराये हुए।
जीयो तुम अपनी जिंदगी,
वक्त बीता तुम्हें हराये हुए।

झमाझम हो रही बारिश भी,
लौटा समय वो बिताये हुए।
संग मेरे कुछ भी कर तो जरा,
वक्त लगा मुझको मिटाये हुए।

बहुत दिद-ए-तर, झेला तेरा,
अर्से लगे बाँहों में आये हुए।
कुछ भी कर, प्यार तो कर,
बीते दिन आँसू बहाये हुए।

मिट्ठू मियाँ सब जानता है,
वही बोलेगा रटा-रटाये हुए।
दो घाटियों के बीच यह सुरंग,
आपस में है सटे-सटाये हुए।

जब चाहा खेले,खिले सफर में,
मन था उनका चुनचुनाये हुए।
पत्ते-पत्ते पे ओंस के बूँद-बूँद,
होंठों की प्यास सुखाये हुए।

खूब खेले थे उस दिन होली,
वर्षो बीत गए रंग लगाये हुए।
उरोजों में थी तेरी कसमसाट,
खींचतान बाँहों में लगाये हुए।

तुम्हें एक पल चैन न आये जी,
वही नुक्ताचीनीथी थकाये हुए।
पैर न टिकते, थी छटपटाहट,
पसीने से लथपथ थकाये हुए।

अंगड़ाई ने तुझे छूआ कहाँ है

विषधर शंकर
(पता :- गया, बिहार)

इश्क वो गुनाह है,जो तुझे अभी हुआ कहाँ है।
रात की अंगड़ाई है, अभी हमने छूआ कहाँ है।

कम से कम इसी बहाने, अपना गम तो छिपा हुआ है,
सर्दी के रातों की यह शीतलहरी है, धुँआ-धुँआ कहाँ है।

अब तेरे इश्क के बगैर कुछ भी अच्छा नहीं लगता,
डूबना चाहा मगर आँसुओं में डूबा,प्यार हुआ कहाँ है।

प्यार में धोखा ही खाते हैं लोग, बेमतलब होते बर्बाद,
बस तुझे दिल में बसा लिया, मुझे कुछ हुआ कहाँ है।

जानता हूँ तुझे इश्क है मुझसे, मगर मुझे क्या मालूम,
वो रूठकर चले गए, मुझे खता किसी से हुआ कहाँ है।

पंथ बुहारा होता

डॉ० गीता पांडेय "बेबी"
(पता :- जबलपुर, मध्य प्रदेश)

भंवर में साथ जो मांझी का सहारा होता।
क्यों ना कश्ती मे मिला मेरा किनारा होता।।

हम तो उठते हुए तूफान से टकरा जाते ।
नाखुदा का जो जरा सा भी इशारा होता।।

फेर के नजरें जो नजरों से गिराता ना मुझे।
जिंदगी का मेरी कुछ और नजारा होता।।

सफर तबील भी हर हाल में तय कर लेते।
सफर में हाथ में गर हाथ तुम्हारा होता।।

सर हथेली पर लिए दर पर चले आते गर ।
संग-ए-दिल तूने जो एक बार पुकारा होता।।

चैन से गर कहीं रुसवाईयां जीने देती ।
तब ना हम दम कभी यह हाल हमारा होता ।।

मुंतजिर होते ना "बेबी" तो जरूरत क्या थी ।
अपनी पलकों से तेरा पंथ बुहारा होता ।।

फूल हूँ

सबीहा कौसर सीमा
(पता :- मुंबई, महाराष्ट्र)

फूल हूँ जाने कब टूट के बिखर जाऊँगा।
सूखे पत्तों की तरह शाख से नीचे गिर जाऊँगा,
काँटों की सेज में मुस्कुराऊंगा,
फूल हूँ जाने कब टूट के बिखर जाऊँगा।
चलती जो हवा पत्तियों से गुफ़्तगू होगी,
चाँद की चाँदनी से मुलाकात होगी,
काँटों के बीच रह के भी हँसता हूँ,
मैं फूल हूँ जाने कब बिखर जाऊँगा।
मेरी खूबसूरती को देख लोग खुश होंगे,
मेरे अक्स को लोग आँखों में बसाएंगे,
एक दिन तोड़ डाली से,
कभी हार में पिरोएंगे तो कभी घर आँगन सजाएंगे।
खुशबू से महक आएँगे घर आँगन,
कभी सूखे फूल की तरह किताबों में बंद कर दिया जाएगा।
उनके घर की सजावट को बढ़ाऊंगा।
एक दिन उसकी बूँद की तरह,
कभी इधर तो कभी उधर गिर जाऊँगा।
पंखुड़ी-पंखुड़ी होकर बिखर जाऊँगा,
ना वह खूबसूरती होगी,
ना वह खुशबू से महकता अक्स होगा।
जो लोग देख खुश होते थे ना वह नजारे होंगे,
पंखुड़ी-पंखुड़ी होकर उनके पैरों तले आ जाऊंगा।
मैं फूल हूँ जाने कब टूट के बिखर जाऊँगा।

तेरे आने से

अभिनव शिवम
(पता :- पलवल, हरियाणा)

कसैली ज़ुबां हुई थी मेरी,
तू आया तो रसना पर रस आ गया ।
धूल ही धूल थी इस मैदान में भरी,
तू आया तो सारा हरा हो गया ।
धूप ही धूप थी इस संसार में,
तूने गाया तो बादल उमड़ने लगा।
शीत से कांपता यह संसार था,
तू मुस्कुराया तो मधु ऋतु आ गया ।
यह धरती थी बरसों से प्यासी पड़ी,
तेरे आने से प्यासे को सावन मिला।

स्वर्ण कण

डॉ० रंजना गुप्ता
(पता :- पलवल, हरियाणा)

क्षण भर का पता नहीं,
बरसों का हिसाब लगाते हैं!
जो होना था, वही हुआ,
हम बेकार पछताते हैं।
स्नेह, सेवा, करुणा,
संसार में स्वर्ण कण हैं,
जिनसे भर जाते,
बड़े से बड़े व्रण हैं।
अपनों की कमी और मजबूरी,
गैरों को बताकर यार,
हम दोनों खो देते हैं ..
अपनी इज्जत और अपना प्यार।
अपनों की इज्ज़त सरे बाज़ार,
नीलाम मत करिए।
इज्ज़त आपकी भी उतरती है,
चाहे महसूस न करिए।
स्वार्थ में इतना न डूब जाइए,
कि भलाई भी समझ में न आए।
हर चीज की कीमत होती है,
चाहे कह कर जताई न जाए।

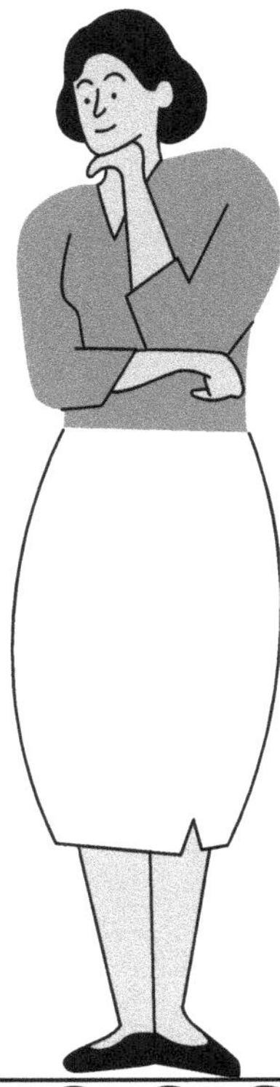

बिखरे मनके

डॉ० रंजना गुप्ता
(पता :- पलवल, हरियाणा)

क्या करता मैं बात,
अपनी रोने वाली रातों की,
क्या करता मैं बात,
अपनों की ही घातों की?
सुख-स्वप्न हमारा वाष्प बना,
आंसू बरखा बनकर आए,
मत खोदो उन कब्रों को,
जिन पर हम फूल चढ़ा आए।
'आंसू' प्रसाद का पढ़ते थे,
क्या हर कवि की है नियति यही?
मन के बिखरे मनकों का,
सूत्र पड़ा है यहीं कहीं।
राम नाम की माला में,
मन रमने लगा है तो सही,
पर बादल फटते ही रहते हैं,
गरज-गरज कर घोर कहीं।

अंतिम सिंदूर दान

अश्वनी कुमार जायसवाल
(पता :- कानपुर, उत्तर प्रदेश)

घर की मालकिन का कल रात देहान्त हो गया। मात्र कुछ दिन इलाज चला जिसमें तीन चौथाई दिनों अस्पताल में रहीं, वहीं से कफन में लिपट के एम्बुलेंस में घर लौटीं। संशय बना हुआ है, मौत मर्ज से हुई या इलाज से। ये महंगे नर्सिंग होम वाले बस इलाज करते रहते हैं उन्हें मरीज की जिंदगी और मौत से कोई मतलब नहीं होता। ये व्यवस्था बदलनी चाहिए।

दोपहर के पहले शव यात्रा का समय निश्चित हुआ। शहर और बाहर के लगभग सभी लोग आ चुके हैं, जो लोग नहीं आ पाये वो घाट पहुंचेंगे। बाहर तिख्ती रेडी हो चुकी है, अंदर मालकिन को तैयार करने वाली महिलाएं गमगीन नम आँखों से रोते हुए, नई साड़ी ब्लाउज पहना के नख-शिख सोलह श्रृंगार कर रही हैं। मालकिन की बडी भाभी आंसू पोंछती हुई बोलीं - "देखो कुछ भी छूटने न पाए, अच्छी तरह सजाओ, हम तो अभागे थे, हमारी ननद भाग्यशाली है सुहागन जा रही है, ऐसी किस्मत सबकी कहां होती है ?"

नई नवेली दुल्हन की तरह सजा के बाहर रक्खी तिख्ती में मालकिन को लिटाया गया, शरीर को कफ़न से ढक कर, अंतिम दर्शन के लिए चेहरा खुला छोड़ दिया गया। सबकी खोज खबर रखने वाली, सबका हित चाहने वाली ममतामयी मालकिन को विदाई से पहले भेंट देने का सिलसिला शुरू हुआ। तमाम साड़ियाँ शाल दुशाले रामनामी उनके मृत शरीर पर डाल दिये गये। फूलों के साथ हार भी खूब पहनाए गए । जैसे-जैसे बिदाई का समय नजदीक आता जाता, सिसकियाँ रुदन-क्रंदन मे बदलती जातीं, बेटियां, बेटा, बहू, नाते-रिश्तेदार और पड़ोसियों का भी रो-रो कर हाल बेहाल होता जा रहा था।

मेरे आंसू सूख चुके थे, किंकर्तव्यविमूढ़ हाल ही में उनके साथ बिताए गए समय की यादों में खोया हुआ था। मालकिन की सबसे छोटी नन्द मेरी मुंह बोली छोटी बहन की आवाज से तंद्रा टूटी - 'भाई साहब, तैयारी हो चुकी है भाभी की मांग भर दीजिए।' यंत्रचालित सा उस तरफ जिधर उनका मृत शरीर तिख्ती पर लेटा हुआ था की ओर जाते समय अचानक चमकती हुई बिजली की भांति दिमाग मे विचार कौंधा ये कैसी विडम्बना है शादी के समय मंडप मे मांग भरने की रस्म को पूरा करने वाला मैं अब उनके मृत शरीर की मांग भी भरूंगा कभी सोंचा न था ।उनके सिरहाने पहुंच के चुटकी से सिंदूर जैसे वो लगाती थी लगा दिया। आवाज आई - "ये क्या ? चुटकी नहीं मुट्ठी भर लीजिये, माथे से सर के पीछे तक ठीक से लगाईए, ताकि दूर से दिखाई दे कि सुहागन जा रही है।"

"चलो भई उठाओ, राम नाम... सत्य है।"

जूनियर का बर्थडे

अश्वनी कुमार जायसवाल
(पता :- कानपुर, उत्तर प्रदेश)

26 जनवरी 2022
गणतंत्र दिवस
323, अम्बिका भवन
थर्ड फ्लोर एपार्टमेन्ट
ज्योतिष राय रोड
कोलकाता - 53

ये मेरे बेटे का निवास है जहां चौथी बार प्रवास पर आया हूं। इससे पहले तीनों बार पत्नी साथ होती थी तो बात ही कुछ और हुआ करती थी जो अब नहीं है। पहली बार जूनियर के मुंडन संस्कार मे शामिल होने के लिए हम सब लोग यहां इकट्ठा हुए थे। मैं और पत्नी, बेटा, बहू, बेटियां, दामाद, उनके बच्चे एवं रिश्तेदार, इन सब के बीच मुझे अंदर से गर्व तथा अपार प्रसन्नता महसूस हो रही थी। खूब चहल-पहल थी, लग रहा था जैसे सप्ताह भर चलने वाला कोई त्योहार है जिसे सब लोग एक साथ मना रहे हैं। मुंडन के अलावा कोलकाता घूमने तथा गंगा सागर तीर्थ का भी प्रोग्राम रखा गया था। सभी पहली बार आए थे, उत्साह और उमंग से लबरेज थे, नया अनुभव होने को था। हर दिन नया रोमांच, नई अनुभूति, यादों मे सहेजा जाने वाला जूनियर के मुंडन संस्कार का कार्यक्रम अद्भुत था। इतने सारे लोगों के बीच जूनियर सभी का दुलार पाकर इधर से उधर चहलकदमी करती सबके पास जाती, हंसती और खिलखिलाती रहती थी।

इस बार अकेला ही आया हूं क्योंकि अकेला हो गया हूं। कुछ दिनों पहले ही वो इस मायावी संसार को त्याग कर स्वर्गवासी हो गयीं। उनके चले जाने से मेरे अंदर का निडर दहाड़ता शेर शांत हो गया, सिर ऊंचा छाती चौड़ी रखने वाला राजा सत्ताच्युत हो गया, विनम्रता मेरा स्वभाव बन गया और समझौता मेरा आभूषण हो गया। हम विधाता के हाथों की कठपुतली हैं, समय और परिस्थिति के अनुसार हमारे किरदार बदलते रहते हैं।

ये महज एक इत्तेफाक ही कहा जाएगा, जब भी यहां आए शीत-ॠतु ही रही और इन्हीं दिनों बेटे की शादी की सालगिरह, मेरा जन्मदिन तथा बहू और पोतियों का जन्मदिन भी मनाया जाता है। प्रारम्भ बेटे की शादी की सालगिरह से होता और अंत में जूनियर के बर्थडे से समापन। जूनियर कह के अपनी

छोटी पोती को बुलाता हूं। बेटे की पहली संतान कन्या थी, जिसे जीडी (ग्रांड डाटर) कह के बुलाता हूं, दूसरी फिर कन्या हो गई तो उसे मै जूनियर कहने लगा।

जूनियर प्रारम्भ से ही फुर्तीली और चंचल है, अब वाचाल भी हो गई है, सबको मोह लेने की कला वो अच्छे से निभाती है, ये गॉड गिफ्टेड है। जूनियर के अलावा भी उसके कई नाम हैं जो अलग-अलग लोगों ने अपनी पसंद से रखे हैं। मजेदार बात ये है कि उसे याद रहता है कि कौन किस नाम से पुकारता है, अगर भूल से भी किसी ने कोई दूसरा नाम ले लिया तो टोक देती है। मेरा नाम ये नहीं है, मैं तो अमुक हूँ। वैसे तो नाम इलीना है, इस नाम से केवल उसकी मां बुलाती है। बाबा के लिए 'जूनियर', पापा के लिए 'जानेमन', बड़ी बुआ के लिए 'बेबी डॉल', छोटी बुआ के लिए 'इली', मौसी के लिए 'आव्या दीदी' वगैरह।

दो साल पहले जूनियर के बर्थ डे पर विशेष धूम मची थी। वजह ये थी कि बेटे ने इसके जन्म से तब तक अपने ऑफिस-कोलीग्स को पार्टी नहीं दी थी। डेकोरेटर ने वेन्यू को क्रेप पट्टी, पर्दे, झालर, गुब्बारे और फूलों से बड़ी खूबसूरती से डेकोरेट किया था। जूनियर अपनी विशेष ड्रेस में इधर-उधर घूमती, कभी नाचती, कभी न समझ में आने वाले गाने गाती खुशी से फूली नहीं समा रही थी। केक कटने के बाद हैप्पी बर्थ डे का हंगामा तो देखने लायक था। लाउड म्युज़िक, नाचना-गाना, बच्चों के गेम और खाना जो जायकेदार था, का लुत्फ लिया गया था। मेहमानों के जाने के बाद मिले गिफ्ट्स को खोलने में व्यस्त जूनियर खुशी से लगभग चीख कर कह रही थी देखो मुझे ये क्या मिला ? अपनी दादी से उसकी खास बनती थी, हर समय उन्हीं के साथ रहना बातें करना उसे विशेष प्रिय था। दादी भी उस पर जान छिड़कती थी। अब सिर्फ यादें ही धरोहर हैं।

इस साल जूनियर के बर्थ डे पर कोई धूम-धाम नहीं की जानी है। उसकी दादी को गये अभी साल भर नहीं हुआ है। इसलिए अत्यंत सादगी के साथ शाम को केक कटवा के हैप्पी बर्थ डे बोला गया, घर के लोगों ने गिफ्ट दे दिए और समापन कर दिया गया। रात को सोने के पहले मेरे बेडरूम मे आई और बोली - "बाबा जी मैं दादी जी को मिस करती हूँ। मां कहती है कि दादी जी गॉड के पास चली गई हैं और गॉड ने उन्हे बेबी बना दिया है। तो बाबा जी आप उन्हें ले आइए, मै बेबी दादी जी के साथ खेलूंगी।"

क्रूज संस्मरण

अश्वनी कुमार जायसवाल
(पता :- कानपुर, उत्तर प्रदेश)

इवनिंग-क्रूज, गंगा नदी कोलकाता

जीवन अत्यंत कम अवधि वाला बहुमूल्य कालखंड है। जिंदादिल होके सभी के साथ हंसी-खुशी जीवन यापन के साथ नये की खोज करना ही जिन्दगी है। कुछ क्षणों का ही सही आत्मिक आनंद प्रियजनों के साथ, दृढ़ हावड़ा ब्रिज और अस्त होते सूर्य के मध्य, कोलकाता की गंगा नदी पर क्रूज में लेने का कार्यक्रम तय हुआ। 12 फरवरी 2022 को हम लोग निवास ज्योतिष राय रोड से मिलेनियम पार्क शाम 3'00 बजे पहुंच गए। क्रूज में प्रवेश 3'45 बजे होना था। समय के सदुपयोग के लिए पार्क में टहलने निकल पड़े जिसका गेट क्रूज इंट्री पाइंट के बगल में था। नदी के किनारे साफ-सुथरा सुरुचिपूर्ण सजावट के साथ पार्क जहां बच्चों के लिए आकर्षक झूले भी थे, अच्छा लगा, बच्चों ने झूलों का आनन्द लिया। निगाह घड़ी पर ही थी 3'30 होने को था, हम लोग इंट्री पॉइंट पर पहुंच गये। जहां कुछ फॉरमेल्टीज पूरी की जा रही थी, जैसे रजिस्टर में बुकिंग की जानकारी, कितने मेम्बर हैं, समय इत्यादि जिसे पूरा करने के बाद हमारी फोटो ली गई। समय हो चुका था, गेट खुला और हम लोग मन में आनन्द भाव के साथ अपने प्रथम अनुभव के लिए क्रूज की ओर बढ़े।

विशालकाय कोलकाता शहर जो सन 1931 तक अपने देश भारत की राजधानी रह चुका है, गंगा नदी के दोनों छोर पर दूर-दूर तक फैला हुआ है। नदी का इस्तेमाल यातायात के लिए कई माध्यमों से किया जाता है, चूंकि गंगा नदी यहां समुद्र में मिलती है तो यहां जल मार्ग का प्रयोग बहुतायत में अच्छी तरह होता है। कोलकाता के पड़ोसी जिले जैसे नाडिया जो मायापुर के इस्कॉन मंदिर के लिए प्रसिद्ध है, सुन्दरबन बर्ल्ड-हेरिटेज प्लेस, 24 परगना गंगासागर धार्मिक तीर्थस्थल ये सभी जल मार्ग से जुड़े हैं। यहां के निवासी स्थानीय मोहल्लों तक आने-जाने के लिए इसी जल मार्ग का इस्तेमाल करते हैं, जिसके लिए नाव, जेट्टी और क्रूज का प्रयोग होता है।

इवनिंग क्रूज के लिए हम लोग आगे बढ़ रहे थे, हर टर्निंग पॉइंट पर उनके लोग खड़े थे जो हमें किस ओर जाना है बता रहे थे। मन में उल्लास नये दृश्य जिनको कैमरे मे कैद करने के उत्साह को रोक नहीं पा रहे थे, जहां तहां रुक-

रुक कर फोटो भी ले रहे थे। अंततोगत्वा हम अपने क्रूज की डेक पर पहुंच गये। प्रथम दृष्ट्या डेक का आगे और पीछे का भाग ओपेन टू स्काई, मध्य में खूबसूरत सजावटी शेड के नीचे सिलसिलेवार टेबल और चेयर किसी पांच सितारा रेस्टोरेंट जैसा लग रहा था। हमें हमारा टेबल बताया गया, ये तय होने के बाद कि कौन कहां बैठेगा हम बैठ गए। मधुर कर्णप्रिय संगीत, अत्यंत साफ-सुथरा माहौल, चारों ओर सलीकेदार हर आयुवर्ग के लोग, स्वच्छ गंगा की निर्मल जलधारा, मंद हवा के झोंकों का एहसास मन को मंत्रमुग्ध कर रहा था।

कुछ ही देर में क्रूज के चलने का एहसास हुआ, साथ ही वेलकम ड्रिंक जो दो-तीन वैरायटी का था, भी सर्व किया जाने लगा। नवयुवा अपने को रोक नहीं पा रहा था, इस मनमोहक दृश्य और वातावरण को अपने प्रिय के साथ मोबाइल कैमरे में कैद कर लेना चाह रहा था। डेक के हर हिस्से पर अलग-अलग कोण से फोटोग्राफी हो रही थी, लोगों का मन ही नहीं भर रहा था। बेटे और बहू ने भी खूब फोटो खींचे, बच्चों ने भी खूब इंजॉय किया। डेक के परिचारक अपने काम में लगे हुए थे। वेलकम ड्रिंक के बाद स्नैक्स का सिलसिला शुरू हुआ। ग्रिल्ड चीज सैंडविच, चाय और काफी जो पसंद हो सर्व किया गया। नदी किनारे के दर्शनीय स्थलों में सबसे पहले 'हावड़ा रेलवे स्टेशन' दिखाई दिया। वैसे तो सड़क मार्ग से इस स्टेशन पर कई बार आना जाना हुआ है पर नदी पर क्रूज में चलते हुए इसे देखकर मन में कौतुक कोलाहल कर रहा था। सुदृढ़ सीना ताने खड़ा 'हावड़ा ब्रिज' और इसी के समानांतर नये बने 'विद्यासागर सेतु' की आभा देखते ही बन रही थी।

स्नैक्स एक के बाद एक लगातार सर्व किए जा रहे थे। पनीर टिक्का, वेज सींक कबाब, मिक्स वेज पकौड़ा, नॉनवेज में फिश फ्राई, चिकन चाप, साथ ही बीच-बीच में चाय, कॉफी और कोल्ड ड्रिंक भी सर्व हो रही थी। क्रूज लगातार चल रहा था। 'वेल्लोर मठ' के दिखते ही आंखों में चमक आ गई। सूर्य अस्ताचल की ओर बढ़ रहा था, अस्त होते सूर्य की मनोहारी छवि जिसकी परछाई नदी के जल में स्पष्ट दिखाई दे रही थी। इस मनोरम दृश्य को मोबाइल कैमरे में कैद करने की होड़ लग गई, एक बार फिर से डेक पर फोटो सेशन प्रारम्भ हो गया। शाम ढल चुकी थी। डेक रंग बिरंगी मध्यम रोशनी में नहा कर और भी सुंदर लगने लगा था। दोनो किनारों पर कोलकाता की झिलमिलाती रोशनी ने समा बांध रखा था। हवा में ठंढ बढने लगी थी, शॉल, स्वेटर, टोपे और हुडी के हुड इस्तेमाल में आ गये, चाय कॉफी की मांग बढ़ी जो पूरी की जा रही थी। दूसरी छोर पर 'दक्षिणेश्वर मंदिर' जहां स्वामी विवेकानंद प्रायः देवी पूजन

किया करते थे, दिखाई दिया। इसे भी कैमरे में लगभग सभी लोगों ने कैद किया।

क्रूज वापस अपने यार्ड की ओर बढ़ रहा था। अंत में स्वीट डिश ऐप्पल पाई और चॉकलेट वेफर आइसक्रीम सर्व की गई। जल यात्रा में मनोहारी दृश्य देखते हुए स्नैक्स, चाय, कॉफी, कोल्ड ड्रिंक खूब चले, सभी फूड स्टफ्स इतने स्वादिष्ट थे कि सभी ने छक के खाया, शायद ही किसी ने घर में या बाहर डिनर लिया होगा। शाम को 7'00 बज चुके हैं। यार्ड मे क्रूज लगने ही वाला था। कैप्टन, परिचारक एवं शेफ डेक पर आये, मेहमानों से रिव्यू लिया, सेवा और फूड स्टफ्स के बारे में जानकारी ली। सभी ने प्रशंसा की। यार्ड में क्रूज लग चुका था। हम लोगों ने फिर दोबारा आने के लिए कहा और बाहर आ गये। सच में हम में से किसी ने भी घर पहुंच कर डिनर लेने की बात नहीं की।

बेटी का घर

अश्वनी कुमार जायसवाल
(पता :- कानपुर, उत्तर प्रदेश)

नवम्बर 5, 2021,
2 रूम+स्टडी फ्लैट
हरी नगर नई दिल्ली - 64

यहां मेरे प्रवास का अंतिम दिन, कल वापस जाना है। ये मेरी कर्तव्यनिष्ठ, स्नेही, दयालु, ममतामयी बेटी का घर है। कई बार आमंत्रित किया - "पापा जी आप लोग हमारे यहां आइये।" जवाब दिया करता था - "मौका मिलते ही जरूर आऊंगा", और ये मौका मिला उसकी मां के न रहने के बाद।

मेरे सभी बच्चे विवाहित, वेल सैटेल्ड अपनी घर गृहस्थी में रमे, मैं अपनी पत्नी के साथ गृह नगर के निजी आवास में जीवन के चौथे चरण का आनंद ले रहा था। अचानक मेरी प्रिय पत्नी की तबियत खराब हुई और कुछ ही दिनों में परलोक सिधार गयीं, अकेला रह गया। बच्चों को चिंता हुई "पापा जी अकेले कैसे रहेंगे ?" सुझाव ये भी आया कि थोड़े-थोड़े दिन सभी के यहां रह लेगें, जिसे मैंने अनसुना कर दिया। मेरा मन अपना घर 'हमारा सपना' जो अब यादों का संसार बन चुका है, को छोड़कर कहीं और जाने का नहीं होता। काफी दिनों तक बहू बच्चों के सहित मेरे साथ रही और बेटा बाहर अपने जॉब पर। ऐसा कब तक चलता ? बेटे ने तय किया कि पापा जी को साथ ले जाऊंगा, मेरे पास भी कोई विकल्प नहीं था।

दिल्ली से लगे हरियाणा प्रदेश के हिसार में बहू की बहन को प्रथम संतान हुई थी तो उसे वहां भी जाना था, हम सभी लोग घर से साथ निकले, बहू अपनी बहन के यहां, बेटा कोलकाता जॉब पर और मैं दिल्ली बेटी के घर पहुंच गया।

बेटी के घर कुछ दिनों के प्रवास के लिए आने से पहले सोचा करता था कि बेटी तो अपनी है, पिता-पुत्री में स्नेह भी खूब है, परन्तु दामाद जी क्या सोचेंगे ? कैसा व्यवहार करेंगे ? फिर बेटी के दो बच्चे भी तो हैं। अब जो भी हो जीवन के अनुभव का हिस्सा होगा, मान कर बेटी के घर रहने चला आया।

बेटी के पति केन्द्रीय सरकार में अधिकारी, दो सयाने होते होनहार बच्चे, बड़ी बेटी सीनियर सेकेन्डरी के साथ आई आई टी के लिए भी तैयारी कर रही है, छोटा बेटा सेकेन्डरी परीक्षा के लिए तैयारी कर रहा है। सब कुछ ठीक-ठाक, संभ्रांत नागरिक की तरह जीवन यापन, अच्छा लगता है। घर पहुंचते ही शांत

सौम्य तरीके से स्वागत हुआ जो मन को छू गया। ड्राइंग रूम मे 6'×4' का दीवान जिस पर मैट्रेस के उपर आकर्षक सादगीपूर्ण बेडसीट बिछी हुई थी, की ओर इशारा करते हुए मेरी बेटी ने कहा - 'अब से पापा जी इसी पर आराम किया करेगें'। वो है ही करुणामयी, हर जरूरत का ध्यान रखा, पूरा प्रयास किया कि मैं प्रसन्नचित्त रहूँ। दामाद जी ने भी मुझे पिता तुल्य समझकर समुचित सम्मान दिया। बच्चे रिजर्व रहे, लेकिन किसी बात को अनसुना नहीं किया, नाना जी के प्रति सदैव विनयावनत रहे। सम्पूर्ण प्रवास के दौरान यही एहसास होता रहा कि अपने घर मे अपनों के बीच रह रहा हूँ। अपने निजी आवास की याद नहीं आई, ना ही पत्नी के न होने के गम ने सताया। कुल मिला के अनुभव सुखद रहा।

आज 'भाई दूज' का दिन है, बेटा-बहू बच्चों के साथ मुझे लेने के लिए एक दिन पहले ही आ गये, वापसी का रिजर्वेशन भी आज का ही है, दोपहर की गाड़ी। 'भाई दूज' की रस्म पूरी हुई, हम लोगों ने तैयारी कर ली। ट्रेन का समय हो रहा था, टैक्सी का इंतजार था। मेरा अभिभूत मन बेटी से बिछड़ने के गम को भलीभांति महसूस कर के मुझे द्रवित कर रहा था। एक दिन पहले ही चलते समय बोलने वाले वाक्य सृजित कर लिए थे, परन्तु ये क्या आँखें नम हुईं, होंठ जैसे चिपक गये, वाक्य विस्मृत हो गये, कुछ बोल न सका केवल हाथ जोड़े और गाड़ी में बैठ गया।

मन को तसल्ली जरूर थी कि अब बेटी-दामाद को जमीन पर और नाती को सोफे पर नहीं सोना पड़ेगा।

सेकेंड बेडरूम

अश्वनी कुमार जायसवाल
(पता :- कानपुर, उत्तर प्रदेश)

दिसम्बर 2021
3 बी एच के अपार्टमेंट
323 सुशीला सदन थर्ड फ्लोर
ज्योतिष राय रोड
कोलकाता - 53

ये मेरे बेटे का निवास है जो यहां बैंक हेड आफिस मे चीफ मैनेजर के पद पर कार्यरत है। उसके साथ पत्नी एवं दो बच्चे रहते है, आजकल यहीं मेरा प्रवास है। ये चौथा आगमन है, इसके पहले भी तीन बार आ चुका हूं। तब मेरे साथ मेरी पत्नी, मेरे बेटे की मां भी हुआ करती थी। एपार्टमेन्ट मे बेडरूम तो तीन है लेकिन टायलेट दो ही है। एक मास्टर बेडरूम से अटैच है दूसरा कामन। इस कामन टायलेट के बगल वाला बेडरूम जो स्पेसियस, दो अलग दिशाओं मे खुलने वाली खिड़कियों के साथ साफ हवा के झोंके से परिपूर्ण है। इसी बेडरूम में डबल बेड डाल कल कर हम दोनो के रहने का इंतजाम, हो जाया करता था। इस बेडरूम का नामकरण मैने 'सेकेन्ड बेडरूम' कर रक्खा था। जितने दिन भी हम रुकते इसी बेडरूम में रहते। बेटा और बहू दोनो हमारा ख्याल रखते, किसी तरह की असुविधा न होने पाए ये भी ध्यान रखते। चलते समय बेटा भावुक हो के कहता कुछ दिन और रुक जाते लेकिन गृहनगर मे भी निजी आवास और कारोबार होने के कारण वहां भी देखना होता है सो मजबूरी जाहिर करते और फिर आयेंगे कह कर वापस चले आते।

इसी वर्ष चार माह पहले पत्नी की तबियत खराब हुई। गृहनगर मे ही मेरी दो विवाहित बेटियां भी रहती है जो प्रायः आती-जाती रहती हैं और हाल-चाल लेती रहती है। पहले तो इन्ही दोनो ने दवा इलाज करवाया लेकिन जब मर्ज बढ़ा तो बेटा भी पत्नी बच्चों सहित अपनी मां की देखभाल और इलाज के लिए आ गया। बेटे और बेटियों ने मिल कर मां के इलाज मे कोई कसर नही छोडी लेकिन विधाता की मर्जी कुछ और ही थी। इलाज प्रारम्भ होने के दो महीने से कम समय मे ही उनका निधन हो गया और तेरहवीं भी हो गई। मै अकेला होकर अपनी सुध-बुध खोये हुए अनमना सा हो गया। कुछ दिनो तक बडी बेटी जो शहर के बाहर रहती है,ने मेरे साथ रह कर मेरा पूरा ख्याल रक्खा,

कभी मुझे अकेला नही छोडा, कभी ये महसूस नही होने दिया कि उसकी मां अब इस दुनियां मे नही हैं। आखिर वो भी कब तक मेरे साथ रहती, उसका अपना भी घर परिवार और बच्चे है, उनकी भी जिम्मेदारी थी सो वो चली गई। इस दौरान बहू और बच्चे साथ ही रहे, बेटा जाब पर अपने शहर मे अकेला रहा। ऐसा कब तक चलता ? इसलिए कुछ दिन बडी बेटी के घर रह कर, बेटे और बहू के साथ यहां आ गया।

यहां पहुंचते ही आंखो के सामने पिछले तीन प्रवासों का दृष्य जिसमे पत्नी भी साथ थीं, चलचित्र की भांति आंखो के सामने तैरने लगे। उस कमरे ने जिस मे हम साथ रहे थे मुझे झकझोर दिया, अकेले कैसे रह पाऊंगा ? उनकी गैरमौजूदगी मुझे हर समय कचोटेगी। वो मुझे कभी अकेला नही छोड़ती थीं, साथ ऐसा जैसे दिया और बाती, एक के न रहने पर दूसरे का अस्तित्व ही क्या ? अब जैसे भी हो जीवन निर्वहन तो करना ही है उनकी यादों के साथ ही सही।

इस बार बेटे ने मेरे निवास को लेकर कुछ परिवर्तन कर दिये। मेरा बेड लिविंग एरिया मे डाल दिया। शायद सोंचा होगा कि कमरे मे मम्मी की यादों से परेशान हो जायेगें यहां बच्चो के साथ मन बहला रहेगा या ये भी हो सकता है कि भाई बहनों ने फोन पर वार्ता करके यही इंतजाम सही समझा हो।

पहली रात सो न सका, सुबह बेटे ने पूंछा तो कह दिया - 'गर्मी लगी, मच्छरों ने परेशान किया'। मासकीटो डिस्ट्रायर लगा बेड पंखे के नीचे किया गया लेकिन कुछ ठीक न लगा। भावनाओं को न छिपा पाने की मेरी आदत ने मुझ से कहलवा ही दिया - 'बेटा यहां इस बेड पर लेट कर मुझे ऐसा लगता है जैसे सड़क के किनारे फुटपाथ पर लेटा हूं और मुझे घर से निकाल दिया गया है।' बेटे के चेहरे पर आश्चर्यचकित हो जाने के भाव थे लेकिन प्रतिक्रिया कोई नही हुई।

छुट्टी का दिन बेटा घर पर ही था, शाम के समय किसी काम से मैं घर के बाहर गया लौट कर आया तो पाया कि मेरा बेड लिविंग एरिया से गायब है। अचंभित होकर सेकेंड बेडरूम की ओर निगाह दौडाई, देखा मेरा बेड वहां लगा दिया गया है। मैने मन ही मन भगवान को कोटि-कोटि धन्यवाद और बेटे की समझ की भूरि-भूरि प्रशंसा करते हुए ये सोंच के प्रसन्न हुआ, चलो वो न सही उनके होने का एहसास ये सेकेंड बेडरूम कराता रहेगा।

जीना अभी बाकी है

रेश्मा शर्मा
(पता :- उदयपुर, राजस्थान)

कुछ एहसास अभी बाकी है, कुछ ख्वाहिशें अभी अधूरी है।
ज़िंदगी से मिलने की चाहत है, कुछ अल्फाज अभी अधूरे हैं।
क्यों दौड़ रहे हम इस कशमकश में जन्नत को पाने के लिए,
जन्नत ही तो जिंदगी है, जीने का सार समझना अभी बाकी है।
मां के हाथों की रोटी, वह पिता का दुलार
थाली में सजा वह माँ का अनकहा प्यार समझना बाकी है।
बचपन की यादे, वो गुड़िया की शादी
माटी के खिलौने, उन खिलौनों की छाप ढूंढना अभी बाकी है।
बरसात का मौसम कागज़ की नाव वो पैरों की छपकी
उस छपकी में खुद सरोवर करना अभी बाकी है।
मेरे घर का वो आंगन, आंगन की वो माटी,
उस माटी की खुशबू में अभी कुछ फूलों का खिलना अभी बाकी है।
वो बचपन की हंसी, सहेलियों की टोली वह लड़ना झगड़ना,
और फिर एक हो जाना उन पलों को जीना अभी बाकी है।
यह जिंदगी भी एक किताब है इसमें सुख- दुःख के पन्ने हैं,
उन पन्नों से हमें खुशियों के लम्हे चुराना अभी बाकी है।

ये जिंदगी है जीना जानते है हम

रेश्मा शर्मा
(पता :- उदयपुर, राजस्थान)

बेशक ठोकर खाते हैं हम
फिर चलना जानते है हम
ये जिंदगी है जीना जानते है हम ।

ग़म में टूटे ना, खुशी में ना बह जाए
राह में मिले कांटे फिर भी फूल चुन जाए
दीया बने ऐसा जो तूफान में भी जल जाए
खुशीयां पिरोना जानते है हम
ये जिंदगी है जीना जानते है हम ।

छूते हैं बुलंदियां फिर भी ज़मीन से चाहते है मिलना
अच्छे लम्हों को सहेजना ग़म में तकिया भिगोना
जिंदगी कैसी अजीब है समय पर मर जाना जानती है
फिर भी जब तक है ये जीवन जीना जानते है हम ।

कठिन परीक्षा जीवन एक और आशा एक हथियार है
चट्टानों सी अनंत बाधाएं और ऊंचे पर्बत भी तैयार है
राह सरल हो या विकट अविचल रहना जानते है हम
ये जिंदगी है जनाब जिंदगी को जीना जानते है हम।

अस्तित्व बेटी का

ममता कनौजिया
(पता :- कानपुर, उत्तर प्रदेश)

अपनी तन्हाई, अपने गम, अपने अल्फाज लिखती हूं।
मन में जो उठ रही है बातें सिसकते हुए वो जज्बात लिखती हूं।
चहक रही थी मैं भी आ रहा था मेरी जिंदगी में कोई,
कोख में था जन्मा वह ख्यालात लिखती हूं।
मेरा वह मेहमान मेरी पहचान बेटी के रूप में अवतरित हुआ।
संकीर्णता थी सोच की उस नन्ही-सी जान से मेरा समाज लज्जित हुआ।
क्षण भर में बाजी यूं पलटी किस्मत मुझ से मुंह मोड़ चली,
सूरज कि वह किरण अंधियारे की ओर चली।
दिन रात में भटकती रही मन में एक बात खटकती रही।
जिनके अहम को मैंने अपने समर्पण से बनाया है,
आज उन्होंने ही मेरे वजूद को ठुकराया है।
बड़ा कठिन वक्त था निर्णय का सबकुछ ईश्वर पर टिका हुआ,
दोराहे थी एक रूढ़िवादिता की और एक मातृत्व की ओर चली।
भाव विभोरित ममता ने बेटी को चुनकर,
उसको शून्य से शिखर पर पहुंचाया है
अपने छोटे से बचपन को सिसकी से निजात दिलाया है।
सब उम्मीदें पूर्ण हुई सब सपने साकार हुए,
उस परमपिता परमेश्वर के मुझ पर अगणित उपकार हुए।
टूटे हुए ख्वाबों पर नया ख्वाब लिखती हूं,
आज भी बेटियों पर हो रहे दुनिया के मिजाज लिखती हूं।

मेरी दुलारी बेटियों (सृष्टि एवं उन्नति) को समर्पित।

माँ

ममता कनौजिया
(पता :- कानपुर, उत्तर प्रदेश)

मन में उठ रहे भावों को
अल्फाजों से पिरोया है मैंने,
जो सुख मिला है मां बनकर
उस मातृत्व को जिया है मैंने ।
दुआओं में अपनी
जिसे मैंने खुदा से मांगा था,
आज वो छोटा
नन्हा-सा प्राणी
मेरे उदर में जागा था ।
मातृत्व की अद्भुत शक्ति को
अपने अंदर महसूस किया,
सब के लाड प्यार डांट और
मनुहार से अपने को अभिभूत किया।
कितनी खुशियों के वह पल थे
जिनको मैं जी रही थी
एक अस्तित्व खो कर
दूसरे अस्तित्व को
पाने की खुशी मिल रही थी।
याद है मुझे जब मेरी गोद में
पहली बार वो आया था,
सारे जहां की ममता का सुखद
एहसास मैंने पाया था ।
अंतर्मन की गहराइयों से
एहसास ये सुकून देता है
अपनी नन्ही सी
किलकारी से मेरी सारी
पीड़ा हर लेता है।

इतिहास लिखूंगा

लक्ष्मीनारायण धिरहे
(पता :- हसौद, सक्ति, छत्तीसगढ़)

आज एक इम्तिहान लिखूंगा..
प्रयास , प्रयत्न का पर्याय लिखूंगा..
निरंतर पथ चलने का उत्साह लिए ,
ऐसा एक जहान लिखूंगा..
आज एक इम्तिहान तो ,
कल पूर्ण इतिहास लिखूंगा.. ।

मन में धधक रही अग्नि ,
हौसलों का अंबार लिखूंगा..
हृदय की पीड़ा को चिरती ,
ऐसा एक कमान लिखूंगा
आज एक इम्तिहान तो ,
कल पूर्ण इतिहास लिखूंगा..।

कल की चिंता छोड़कर ,
आज सपना साकार लिखूंगा..
ख्वाबों की फसलें लहराती रहे ,
ऐसी उम्मीद का संसार लिखूंगा..
आज एक इम्तिहान तो ,
कल पूर्ण इतिहास लिखूंगा..।

जो ठोकरें मिली राहों में ,
उनका अनुभव आधार लिखूंगा..
जीवन की इस पाठशाला में..
हर सबक अमूल्य सार लिखूंगा ,
आज एक इम्तिहान तो ,
कल पूर्ण इतिहास लिखूंगा..।

जीवन की राहों में हो कठिनाई ,
पंखों की ऊंची उड़ान लिखूंगा..
रात की स्याही से लड़कर ,
सूरज का नया आकार लिखूंगा
आज एक इम्तिहान तो ,
कल पूर्ण इतिहास लिखूंगा..।

अंधेरों का साया जो भी हो ,
उजालों का दीदार लिखूंगा..
हर चुनौती पार करके ,
एक नया विचार लिखूंगा ,
आज एक इम्तिहान तो
कल पूर्ण इतिहास लिखूंगा..।

आंधियों से जो हो सामना ,
एक नया गीत बहार लिखूंगा..
दृढ़ संकल्प साथ हमेशा ,
आगे बढ़ने का भाग्य लिखूंगा..
आज एक इम्तिहान तो ,
कल पूर्ण इतिहास लिखूंगा..।

कल पूर्ण इतिहास लिखूंगा..।।

वक्त और हम

लक्ष्मीनारायण धिरहे
(पता :- हसौद, सक्ति, छत्तीसगढ़)

ये वक्त गुजर जाएगा ,
या हम गुजर जाएंगे..
थोड़ा संवर जाएंगे ,
या कतरा कतरा बिखर जाएंगे ।

जिंदगी की तलाश में भटकता हुआ ,
यूं गुम हो जाएंगे ,
या तो ये वक्त गुजर जाएगा ,
या हम गुजर जाएंगे ।

बोझ दिल हल्का कर लेंगे ,
या बोझ तले दब जाएंगे..
या तो ये वक्त गुजर जाएगा,
या हम गुजर जाएंगे ।

अंधेरों में भी रोशनी ढूंढ लेंगे ,
या खुद ही अंधेरों में डूब जायेंगे..
या तो ये वक्त गुजर जाएगा ,
या हम गुजर जाएंगे ।

हिम्मत से हर मुस्किल पार करेंगे,
या हार कर रुक जाएंगे..
या तो ये वक्त गुजर जाएगा,
या हम गुजर जाएंगे ।

फिर भी जीने की कोशिश करेंगे ,
या खुद ही ख़त्म हो जाएंगे..
या तो ये वक्त गुजर जाएगा ,
या तो हम गुजर जाएंगे ।

अपने अंदाज़ ही निराले हैं

रशीद ग़ौरी
(पता :- सोजत सिटी, राजस्थान)

अपने अंदाज़ ही निराले हैं।
आस्तीन में सांप पाले हैं।

सुरमई शाम है मुहब्बत की,
मकड़ियों के हजार जाले हैं।

शम्ये उम्मीद क्या जलाएं हम,
सबके चेहरे यहां पे काले हैं।

वो भला साथ क्या निभाएंगे,
पाए उल्फत जिनके छाले हैं।

ग़ैर बनते हैं आज वो रिशी,
हम तो समझे अपने वाले हैं।

आजकल

रशीद ग़ौरी
(पता :- सोजत सिटी, राजस्थान)

रह गया है वफ़ाओं का नाम आजकल।
इक दिखावा है दुनिया में आम आजकल।

फ़ीकी-फ़ीकी सी कलियां गुल हैं उदास,
गुलसितां का बिखरा है निजाम आजकल।

तिश्नगी जिनकी क़िस्मत में लिखी थी अब,
खूब छलका रहे हैं वो जाम आजकल।

अच्छे-अच्छे अदब को तरसने लगे,
मिट गया है शराफ़त का नाम आजकल।

अब तो अपने भी अपने नहीं काम के,
ग़ैर के कौन आता है काम आजकल।

कालान्तर

राजेश श्रीवास्तव
(पता :- बंगलुरु, कर्नाटक)

बात उन दिनों की है, जब मध्यम और उच्च वर्ग की गृहणियां भी जमीन पर बैठ कर ही रसोई बनाती थीं। उन दिनों हर मायने में खड़े होने से बैठने को ज्यादा आरामदायक माना जाता था। जीपी बाबू एक सार्वजनिक क्षेत्र के कर्मचारी थे और आज उनके घर उत्सव सा माहौल था, उन्हें बोनस जो मिला था। परिवार के सारे लोग प्रसन्नचित्त थे। उनकी पत्नी ज्यादा ही उल्लास से भरी थीं क्योंकि बोनस का उपयोग कुछ घरेलू उत्पाद खरीदने में किया गया था, गैस स्टोव और प्रेशर कुकर। वो समय था जब गैस स्टोव और कुकर जैसी वस्तुओं का उपयोग न के बराबर होता था। एक अजूबा एक नायाब चीज़ थी। ज्यादातर लोगों ने तो नाम तक नहीं सुना था।

उन दिनों कोयले की अंगीठी पर भोजन बनता था। कोयला एक अति आवश्यक घरेलू उपयोग में आने वाली वस्तु थी, या यूँ कहें कि रोटी, कपड़ा और मकान की श्रेणी में आने वाली वस्तु थी या उससे भी अधिक। कोयले की अंगीठी सुबह एक बार जल गई तो रात तक जलती थी, बीच बीच में उसमें उपयोग अनुसार ईंधन डाला जाता था।

अब एक नायाब चीज़ आ गई थी जीपी बाबू के घर में। जंगल की आग की तरह ये बात फैल गई पूरे मुहल्ले में। अब ये वस्तुएँ रसोई से संबंधित थीं तो महिलाओं का आकर्षण स्वाभाविक था। अब एक-एक कर के लोग आने लगे देखने, मिलने और शुभकामनाएँ देने। अब तो घर-घर में महिलाओं की चर्चा में बस ये ही विषय होता था।

इसके साथ साथ परोक्ष रूप से इन वस्तुओं के उपयोग और दुर्घटना की संभावनाओं की भी चर्चा होने लगी। किसी ने कहा कि ये गैस सिलिंडर नहीं बम का गोला है, आदमी की इह लीला एक मिनट में ही खत्म कर देगा। एक विस्फोट और सब समाप्त। कुकर के बारे में भी कुछ ऐसी ही भावनाएँ प्रकट की गई।

अब बात धीरे-धीरे जीपी बाबू के घर तक पहुँच गई। इसका असर इतना अधिक हुआ कि मातम-सा पसर गया। जीपी बाबू की पत्नी ने इनका उपयोग न करने का फैसला लिया। सामान वापस करने की नौबत आ गई। दुकानदार

वापस लेने को राजी नहीं था। दुकानदार भी ये समझाने में बिल्कुल असफल रहा कि ये वस्तुएँ सुरक्षित हैं। लाख समझाया गया कि सावधानी से उपयोग किया जाए तो कोई खतरा नहीं है, परन्तु कोई लाभ नहीं हुआ।

अब गैस और कुकर दोनों को स्टोर रूम में रख दिया गया और पुराने, सुरक्षित और उस समय की प्रचलित विधि का पुनः उपयोग होने लगा। एक बड़े कालांतर के बाद ही मन बदला, विचार और मान्यताएँ बदलीं तो फिर जीपी बाबू के घर इनका उपयोग शुरू हुआ।

आज के लिए ये विषय बेमानी है। आज कोई सोच भी नहीं सकता, इन बुनियादी वस्तुओं के बिना जीवन चल सकता है। अगर कोई इनको खतरनाक या असुरक्षित माने तो उन्हें लोग रूढ़िवादी या पागल ही समझेंगे। सब मान्यताओं पर आधारित होता है। जरा सी मान्यताएँ बदलीं, उपयोग बदल गया। अब कल तक कुकर में बनी दाल को पौष्टिक माना जाता था पर आज मान्यता ये है कि ये स्वास्थ्य के लिए असुरक्षित है। अब समय लगा कर, धीरे-धीरे पकने वाली दाल अधिक स्वास्थ्यवर्धक है। मान्यताओं के बनने और टूटने में बाजारवाद का बड़ा हाथ होता है। अब हर क्षेत्र में बस बाजारवाद है। ये कहना मुश्किल है कि बाजार हम से है या बाजार से हम।

जल प्रवाह सा बहता जाऊं

अमिता मराठे
(पता :- इंदौर, मध्य प्रदेश)

मधुर निनाद करते
जल प्रवाह देता सत्य संदेश।
ज़िन्दगी के सारे गम भूल
सबका भला करता जाऊं।

नित्य नये अरमानों से
ज़िन्दगी को सजाता जाऊं।
विघ्नों को जीवन की
सत्य परीक्षा समझता जाऊं।

स्नेह से सबको गले लगाऊं
रिश्तों की महीन डोर से,
बंधा मैं दिल से निभाता जाऊं ।
विकास पथ पर बढ़ना
लक्ष्य है मेरा ऊंचा
पूरा करता जाऊं।

धरा वैभवशाली बना दूं,
सर्व प्राणी जगत की
नैय्या पार लगा दूं।
कठिन मार्ग से चलते
जल प्रवाह सा बहता जाऊं।

आओ खुद से प्यार करें

शिखा सक्सेना
(पता :- दिल्ली)

आओ खुद से प्यार करें,
मानवता का उपकार करें।
जो खुद से प्यार नहीं करता,
औरों से प्यार करेगा क्या ?
जो स्वयं को रखे दुःखी सदा,
औरों को सुखी करेगा क्या ?
दूजा नहीं कोई मिटा सकता,
हम खुद से ही क्लेश हरें।
सब दुःखों का मूल यही,
हम खुद को प्यार नहीं करते ।
हम औरों पर दिन-रात मरें,
पर स्वयं पर कभी नहीं मरते।
जग की प्यास मिटानी है,
तो खुद का जल-कुंभ भरें।
जो खुद को प्यार करे सच्चा,
दूजों से द्वेष नहीं करता।
औरों के सुख - छप्पर में,
वह अग्नि - द्वेष नहीं भरता।
हम स्वयं को ही श्रृंगारित कर,
मानवता का श्रृंगार करें।
आओ हम खुद से प्यार करें !!

ज़ज़्बों को रवानी दे

कशिश नगीनवी
(पता :- कालसी, उत्तराखंड)

क़ैद न कर दिल में ज़ज़्बों को रवानी दे।
ख़ामोश मोहब्बत की कुछ तो निशानी दे।

नज़रें मिला कर झुकी हुई पलकों से,
दिया है उन्वान तो उन्वान की कहानी दे।

ख़ामोश सुलगते हैं ज़हन-ओ-जिगर,
थरथराते लबों से लफ़्ज़ों को जुबानी दे।

तन्हा-तन्हा सफ़र में हैं दोनों ही किनारे,
दरिया-ए-अहसास में कोई मौज़ तूफ़ानी दे।

चश्मे पुरनम मेरे खुशी से उछल गये,
जब समंदर ने कहा 'कशिश' थोड़ा पानी दे।

हर सवाल का ज़वाब मिट्टी में

कशिश नगीनवी
(पता :- कालसी, उत्तराखंड)

टकटकी लगाए ज़नाब मिट्टी में।
हर सवाल का ज़वाब मिट्टी में।

खुली आँखें लिए रहा रात भर,
मिल गये सभी ख़्वाब मिट्टी में।

तेरी हस्ती क्या किस पर तू नाज़ा,
ज़ज़्ब हुए कितने नवाब मिट्टी में।

अश्के-आब मिरे जहां भी गिरे,
खिल गये वहीं गुलाब मिट्टी में।

इर्द गिर्द 'कशिश' के नशीली हवा,
चाहत की गिरी शराब मिट्टी में।

याद कर रहा है

कशिश नगीनवी
(पता :- कालसी, उत्तराखंड)

मेरे ख्यालों से ज़हन आबाद कर रहा है।
कहती हैं हिचकियां कोई याद कर रहा है।

मिला है कोई अपना या देखा कोई सपना,
कुछ बात है नई सी फरियाद कर रहा है।

जाओ जाकर देखो मेरे शहर में यारों,
वो कौन है जो दिल नाशाद कर रहा है।

तुझसे तो बेहतर है तेरा ख्याल ए 'कशिश',
शबे ग़म जो किसी की इम्दाद कर रहा है।

जल बचाओ

प्रिया प्रिंसेस पवाँर
**(पता :- द्वारका मोड़,
नई दिल्ली)**

जल बचाओ,
जल ही जीवन है।
जल बचाओ,
जल से खिलता चमन है।

जल ही तो प्यास बुझाता है
जल ही जीवन बचाता है।

जल बिना न जीव,
जीवन होता है।
जल बिना न धरती,
न गगन होता है।

जल बिना न खेत लहलहाएंगे
न होगी बहार,
बस वीराने मुस्कुराएंगे।

जल संकट के पाप न माफ होंगे
कैसे बर्तन,कपड़े साफ होंगे?

सत्तर प्रतिशत शरीर जल कहाँ से आएगा?
जल बिना तो शरीर तक,
बन नहीं पाएगा।

जल न प्रदूषित करो,
न व्यर्थ करो।
मनुष्य हो तुम,
न ऐसा अनर्थ करो।

न जाने कितनी जगह,
पानी को तरसते लोग।
जल तो अमृत है,
जल से भागे रोग।
जल से ही बने भोजन,
जल से बने भोग।

गंगा जल से मिलता पुण्य,
मिलता पवित्र ज्ञान।
जल से होती शुद्धि,
जल से होता स्नान।
जल बिन न होता जीवन,
सदैव रहे ये ध्यान।

तेरी फितरत,मेरी फितरत

प्रिया प्रिंसेस पवाँर
(पता :- द्वारका मोड़,
नई दिल्ली)

फितरत तेरी भी अजब है,
फितरत मेरी भी अजब है।
फितरत तेरी भी गजब है,
फितरत मेरी भी गजब है।

तूने किया वादा जिंदगी भर का,
पर चार कदम भी न चला।
मैं थी इतनी मासूम...,
न समझी तेरी चालाकी।
तेरे झूठ और फरेब का,
मुझे पता भी न चला।

कितने सपने दिखाए तूने,
हर सपना तोड़ दिया।
बनकर मेरा संगी,
संग दो पल में छोड़ दिया।
"बदल दूंगा रुख हवाओं का' कहकर,
तूफानों का रुख मेरी तरफ मोड़ दिया।

सितारों से माँग भरने की खाई कसम,
कहा मुझे अपना दिल...अपना सनम।
तेरे लिए प्रिया;छोड़ दूं दुनियादारी,
निभाऊं बस हर दिल की रस्म।

कैसी फितरत निकली तुम्हारी,
जो दौलत की प्यासी थी।
तू बेवफा,मैं बावफ़ा की मूरत,
जाते-जाते न देखा तूने ये तक...;
मेरे चेहरे पर उदासी थी।

तेरी फितरत में था याद न करना,
मेरी में भुलाना नहीं है।
तेरी फितरत में था फ़रियाद न करना,
मेरी में सनम रुलाना नहीं है।

न करोगे तुम मुझे याद,
पर मैं तुम्हें याद करूँगी।
तुझे पाने की मेरे सनम,
पल-पल फ़रियाद करूँगी।

तेरे लौटने की राह पर,
नयन धरती हूँ।
तेरी फितरत गर तेरा आसमां,
तो मैं भी अपनी फ़ितरत की धरती हूँ।

फ़ितरत न कभी बदली,
न कभी बदलती है।
इस शय पर न कभी,
कोई बात चलती है।

मन कहता है

सुमन वर्मा
(पता :- नजीबाबाद,
उत्तर प्रदेश)

मेरा मन कहता है
दूर भले ही हो तुम मगर पास हो मेरे,
सखी लगता है कि
बचपन की यादें बहुत सताती हैं।
मन कहता है रूठना मनाना
यूं ही सिलसिला जारी रहता तो अच्छा था,
मगर काश ! ऐसा होता नहीं है अक्सर
रह जाते हैं सपने अधूरे ।
सखी तुम फिर भी कितनी दूर हो चाहे
मगर फिर भी मेरे पास हो तुम ।
कभी तुम मुझसे दूर न जाना
बस मेरा मन कहता है कि मुझे ना भुलाना
हमेशा मुझे याद रखना,
और यह वादा निभाना।

ज़िन्दगी की उलझनें

है सागर-सी गंभीर ज़िन्दगी,
अबूझ पहेली-सी लगती ज़िन्दगी।
जिसने जीना सीख लिया हो,
बड़ी अच्छी लगती है ज़िन्दगी।

बच्चों की हरकतों सी मासूम,
भोली-सी लगती है ज़िन्दगी।
किससे करूँ शिकवा मैं?
पसोपेश में रहती है ज़िन्दगी।

चहुँओर हैं कँटीली झाड़ियाँ,
उलझे तो पहाड़-सी लगती ज़िन्दगी।
जिसने सलीके से जीना सीखा,
शहंशाह-सी लगती ज़िन्दगी।

जब चली बसंती बयार,
फूल-सी लगती है ज़िन्दगी।
महकते फूल चमन को महकाते,
फूल-सी प्यारी लगती ज़िन्दगी।

तकनीकी युग में देखिए,
आज मशीन-सी बनी है ज़िन्दगी।
इसी पसोपेश में रहे इंसान,
कैसे कटेगी मेरी यह ज़िन्दगी?

शरीर का भी ख्याल नहीं रहता,
निशि-दिवस भागती रहे ज़िन्दगी।
धन की लालसा, इच्छा पूर्ति पर,
पसोपेश में पड़ी है ज़िन्दगी।

दुर्गा देवी "आशा किरण"
(पता :- पानीपत, हरियाणा)

जीवन लगता है भूल-भुलैया,
चक्रव्यूह-सी गहरी है ज़िन्दगी।
प्रभु के वश में है जीवन हमारा,
तलवार की धार-सी है ज़िन्दगी।

कुरेदता जो घाव किसी के,
जो दर्द नहीं समझता है।
तकदीर पर इठलाता जो,
झकझोर देती है उसे ज़िन्दगी।

आज की युवा क्या पाकर क्या खो रही है

वी० एन० वी० पद्मावती
(पता :- हैदराबाद, तेलंगाना)

आज की युवा को कल की फ़िक्र नहीं,
आज की युवा को माँ-बाप की फ़िक्र नहीं,
पिज़्ज़ा, बर्गर पर जो तीव्र इच्छा है, भोजन पर नहीं,
करियर बनाने पर जो जोर है, स्वास्थ्य पर नहीं,
स्वयं के इरादे बुलंद मानते, पिता के निर्णय को नहीं,
न क्रोध, न संवेदनाओं पर नियंत्रण कर सकती यह पीढ़ी,
बना-बनाया हाथ मिला हरदम, जीवन कैटवॉक बनी,
माता-पिता ने नाक रगड़ी, पीठ रगड़ी जमीन पर,
पैर दुखाये हरपल, पैरों तले जमीन खिसक गयी,
क्या पापड़ बेले, क्या करतब किये, बच्चे बड़े किये,
दिन-रात की होड़ थी, कब यौवन गया पता न चला,
हाँ सुनने के लिए माँ-बाप तड़पे, न कहने ये नहीं डरती,
फ़ैल को न ले सकती, सब्र नहीं कर सकती,
छोटी सी बात पर रूठती, खुद ख़ुशी का निर्णय लेती,
है-फै वाले जीवन के आदी बन, साधारण जी नहीं सकती,
लाखों कमाने की होड़ में, सम्पूर्ण जीवन जी नहीं सकती,
स्टेटस, स्टेचर के अलावा मन में शांति नहीं पा सकती,
एक बार झांककर देखो तो उन जैसा हम जी नहीं सकते,
एक बार सोचकर देखो तो उन जैसा हम बदल नहीं सकते,
हम पीढ़ी हैं, बाँध बनकर खड़े हैं देखने के लिए,
न हम बन सकते उन सा, न वो हम जैसे,
आज की पीढ़ी क्या पाकर क्या खो रही है !

काश ज़िंदगी किताब होती

उषा टिबड़ेवाल
(पता :- चेन्नई,
तमिल नाडु)

ज़िंदगी से मोहब्बत है, मोहब्बत में ही ज़िंदगी होती,
काश ज़िंदगी किताब होती ।
दु:ख दर्द को रबर से मिटा खुद की खुशी सोच,
मोहब्बत बेशुमार लिख देती ।।
आगे पिछे क्या होगा पढ पाती,
क्या पाया और क्या खोना,पढ समझ जाती ।
जिंदगी तो खुबसूरत है ही,
पर प्यार की कलम से ओर चाहत के पन्ने भर देती।।
सपने हों अगर टूटने वाले,उन्हे बचा,
चार चाँद लगा नव सुंदर सपने सजा लेती ।
किसने दर्द-ए-दिल रुलाया या दिया धोका,
उन सब पन्नों को फाड़ बुरी यादे मिटा देती,
अगर ज़िन्दगी किताब होती ।।
हँसाने और प्यारे साथी के नाम,दोस्ती के पन्ने जोड़ देती।
आँख मिचोली का खेल खेलते वक्त,
कभी आगे, कभी पीछे ले जाती ।।
अपनो की याद दिला, यादों में और तड़पाता ।
इच्छुक मन ज़िंदगी की किताब के आगे पिछे,
पन्ने पलटने की चाहत करता।।
नित्य नए सुनहरे सपने देख, मैं कलम से लिखती,
काश ज़िंदगी किताब होती।
ज़िंदगी में मोहब्बत और बेशुमार होती,
प्यार मोहब्बत की बस बारिश होती।।

तुम याद आते हो

उषा टिबड़ेवाल
(पता :- चेन्नई, तमिल नाडु)

भुलाना चाहा पर तेरा वो हँसता चेहरा,
जब सामने आ जाता फिर से तुम याद आते हो ।

कई रातें गुज़र जाती तुझे भुलाने में,
पर वह पूनम की रात पूरा चाँद मेरे आगन में देख,
वो मुलाक़ात, ओह! तुम याद आते हो।

ना मैं बैठता तन्हा पर थोड़ी फुर्सत होती,
तेरी यादें घेर लेती बट बृक्ष की तरह,
छेड़ जाता पवन का झोका, और भी तुम याद आते हो ।

कैसे भूले लगता है जुदाई के ग़मों के शोलों में,
जीवन पूरा सपना होगा,
तपन में भी,तुम याद आते हो ।

उलझ के रह गए तेरे मेरे मोह के धागे,
शायद अब कभी ना सुलझे,
जभी नम हो भीगती है मेरी आँखें,
बहते अश्क में तुम याद आते हो ।।

दिल की बात

उषा टिबड़ेवाल
(पता :- चेन्नई, तमिल नाडु)

आज तुम को बताए मेरे दिल की बात,
मेरी ज़िन्दगी में तुम वो हो राज ।
एक अनछुआ सा एहसास का हो साज।।
जिसे मैं किसी को बता नहीं सकती ।
चाह कर भी दुनिया में जता नहीं सकती ।।
तेरी तस्वीर को देखती छिप कर चुपके से ।
मगर सामने किसी से बयान कर नहीं सकती ।।
ख़ामोश है होंठ पर मैं नाम तेरा गुनगुनाती रहती।
जुबान पर हकीकत जता नहीं सकती ।।
ख़यालों में रहते हो तुम दिन रात मेरे,
प्यार की हद किसी को दिखा नहीं सकती ।
प्यार है बेइंतहा तुम्हें मगर,
तुझसे मिलने आ नहीं सकती ।।
तेरा ज़िक्र करूँ हवा, घटाओं से,
सवाल मौसम से कर नहीं सकती ।
ये कैसी इश्क की रीत रिवाज,
जो मेरा होते हुए भी,
तुझे सबके सामने अपना नहीं सकती।।

बन्दिशे और रोक टोक

उषा टिबड़ेवाल
(पता :- चेन्नई, तमिल नाडु)

पल बीत जायेंगे, वक्त भी गुजर जाएगा,
बस यादों से भरा यह सफर रह जाएगा।
कभी प्यार में तो, कभी दोस्ती के फर्ज में स्वतंत्र हो,
आज हर बन्दिशे तोड़ने को जी चाहता है ।
ना वह लोग होंगे, ना उनकी टोका टोकी वाली बातें,
लम्हा गुजर जाएगा, जो फिर कभी ना लौट के आता।
जिंदगी जीने को इस लम्हा में,
सब बन्दिशे तोड़ आजादी के,
उस लम्हा में जीने को जी चाहता है।
जिंदगी ने जब ली आजादी,
जिंदगी में एक नये प्यार ने मोड़ ली,
और दोस्तों ने इस जिंदगी के हर मोड़ में,
साथ निभा, जीना सिखाया ।
सीखा ये किसी भी रिश्ते में ना हो बन्दिशे,
ना रोक-टोक, मन हो स्वतंत्र,
तो रिश्ते निभाने नहीं पड़ते,अपने आप ही निभते जाते हैं ।
जैसे समुद्र की लहरों का आना, सूरज का उगना,
अंधेरी रात में चांद का आना, ऐसा ही स्वतंत्र बन,
मेरा सितारा जिंदगी के आसमान में चमकना चाहता हैं ।

आशाओं के पँछी

उषा टिबड़ेवाल

(पता :- चेन्नई, तमिल नाडु)

भोर होते आँखे खुलते, आशाओं के पंछी पंख फैलाए,
आकाश जिंदगी में उड़ने लगते हैं।
मुस्कुराता हुआ दिल यह कहता है,
हे जिंदगी तुझे बड़े प्यार से हंसते खिलखिलाते रखेंगे।
हर उम्मीद, हौसला के साथ उड़ेंगे,
जिंदगी में रुकावट थकावट आएगी।
सुख-दुःख के थपेड़े भी मिलेंगे,
चिंता ना करना,
ऐ मुस्कुराती ज़िन्दगी,
फिर नई आशाओं के पंछी बन उड़ेंगे।
अंधेरी रात को कहीं पहरा कलवर, बसेरा मिलेगा ।
पर जब रात अंगड़ाई लेगी,
तो भोर सुनहरा सबेरा
सूरज की हर किरणों में मुस्कुराहट होगी ।
छू लूंगा मेरे अरमानों के उस आसमान को,
आशाओं का जो पंछी बन,
विश्वास का पंख फैला उड़ा था ।
कितनी कठिन उड़ान पर,
ना रूकती विश्वास की उड़ान,
हौसला कर, पंछी बन तू उड़ता चला चल।
अपने हरेक कठिन सफर मुस्कुराहट से,
कामयाबी का आशियाना बनाता चल तो,
आगे अपनी इच्छाओं के घोंसले बने मिलेंगे।
बस अपने इच्छाओं के सपनों को ले उड़ता चला चल।।

सावन की तैयारी

सरदार मनविंदर सिंह
(पता :- यमुनानगर, हरियाणा)

घटा छाए और बादल उमड़े ।
नाचे मोरनी हो मतवारी।।

कोयल कुके,पीहू पपीहा ।
तितली डोले क्यारी-क्यारी ।।

इंद्रधनुष के रंगों जैसी ।
ओढ़ी सखियों ने फुलकारी ।।

झूलें सखियां सज-धज झूले ।
ऐसा जमघट डाली-डाली ।।

आज पुऐ और खीर की दावत ।
होती घर-घर में तैयारी ।।

बूंद बूंद हो मोती जैसे ।
हर मन भाऐ बरखा प्यारी ।।

बिखरी सुगंध बौरा गए भंवरे ।
चारों तरफ है एक खुमारी ।।

घुमड़-घुमड़ बादल घिर आए ।
लो हो गई सावन की तैयारी ।।

ठहराव

सदा प्रवाहित नद् धारा से
उद्याम वेग वाहित निर्झर से
वर्षा की एक तारी बूंदों से
पूर्णिमा की चांदनी रातों से
या जिंदगी की चलती गाड़ी से
पूछोगे क्या होता है ठहराव ?
तो शायद ना दे पाएंगे जवाब ।
क्योंकि ये पहुंचे ही नहीं उस ठांव
इनके पड़े ही नहीं वहां पांव
तब क्या देंगे खाक हिसाब ?
ठहरी हुई जिंदगी की घुटन
पूंछो उनसे जिनका हुआ है विघटन
झेले हैं जो इसकी कड़कती टूटन
अंतः की बर्फीली सिकुड़न
दहकते ज्वाला की जलन
समेटे तब्दील हो गए खंडहरों में
मुस्कान बदल गई आंसुओं में
जिंदगी गुमनाम वीराने में
सुखद सावन जेठी तपन में
चलती गाड़ी ठहराव में ।
बताएगें यही कि है क्या बला ?
पड़ा जो भी चपेट में वही जला
अस्तित्व हीन हो गया रोम रोम गला
खुशियों को दिया आंसुओं ने रुला
जागती जिंदगी को सुला ।
सूखे पाटों का कण-कण
पथराए निर्झर का तृण-तृण
तप्त जेठ की चक्रवाती बयार
अमावस की रात का अंधियार
ठहरी हुई जिंदगी का प्रतिक्षण

मिथिलेश तिवारी
(पता :- प्रयागराज, उत्तर प्रदेश)

दोहरा रहा यही कहानी तत्क्षण
कि ठहराव को ना आने दो
बहाव को ना जाने दो
जिंदगी है एक बहती धारा
डूबने ना पाए कोई किनारा
नहीं तो क्या होगा नजारा
देख आए हैं इसका सापारा ।।

मर्यादा

मिथिलेश तिवारी
(पता :- प्रयागराज, उत्तर प्रदेश)

सिसकती आज सभ्यता है
हमारी सनातन संस्कृति।
करती आगाज स्वच्छंदता है
युवा अरमानों की विकृति।।

खो रही मूल्य स्वायत्ता है
पश्चिम की अन्धी अनुकृति।
व्यापित सर्व - समानता है
हतित संस्कारों की आवृत्ति।।

स्वालंबन संग सबलता है
जन-जन की अंतःकृति।
सतत् हृदयंगम शालीनता है
बस यादों की भूली स्मृति।।

पवन प्रेम और पवित्रता है
आज की बेमानी मनोवृति ।
उर -अंतर नहिं समरसता है
रही शेष निज सुख की प्रवृत्ति।।

शर्म- हया से टूटा रिश्ता है
हुई बेगैरत बेजार संतति।
निज हित साधन से वास्ता है।
यही भावी भारत की नियति।।

शीशालय में कितनी क्षमता है
छिपा सके जो मर्यादा की आकृति।
प्रतिबिंब स्वयं झलकता है ।
लेकर वास्तविक प्रतिकृति ।।

विलुप्त होती आज कुलीनता है
सभ्य समाज की आवृत्ति ।
सत्य , त्याग और शीलता है
बस गूंगे मन की स्तुति ।।

लाचार पिता बेचैन ममता है
संस्कारों की क्षीण परिष्कृति।
हर क्षण भय यही सताता है
जाने अब क्या होगी परिणति ।।

पीड़ित अंतरमन कराहता है
अभिभावकों की मौन स्वीकृति ।
हावी नई पीढ़ी में स्वतंत्रता है
विस्मृत करती निज संस्कृति।।

छाई जो अंत: मे अज्ञानता है
और विचारों की दूषित वृत्ति ।
व्यापित जो विषम विषमता है
करके दूर, जगाएं नव जागृति।।

आया है प्यारा सावन

संजय कुमार राव
(पता :- गोरखपुर, उत्तर प्रदेश)

काले मेघा नभ पर छाए, आया है प्यारा सावन।
तेरी कजरी सुनकर जाना आया है प्यारा सावन।

लिखी गज़ल है पवनों ने अब, गीत सुनाए बादल ने।
रुत मस्तानी है अब छाई, दिल बहलाए बादल ने।
रिमझिम रिमझिम जल की बूँदें छलकाया प्यारा सावन।
तेरी कजरी सुनकर जाना आया है प्यारा सावन।

सोंधी-सोंधी महक नशीली मिट्टी से उठती जाए।
तेरा मोहक रूप देखकर मन में कुछ आए-जाए।
तुमने जब लहराया आँचल, शरमाया प्यारा सावन।
तेरी कजरी सुनकर जाना आया है प्यारा सावन।

निमिया की डालों पर झूले लगते कितने प्यारे हैं।
ननदों से भौजाई की आँखों में गहन इशारे हैं।
कुंतल तेरे जब छितराए गहराया प्यारा सावन।
तेरी कजरी सुनकर जाना आया है प्यारा सावन।

रात नशीली गहराई है, जुगनू चमके शाखों पर।
अलसाया यौवन ये तेरा, नींद नहीं है आँखों पर।
काज़ल तूने जैसे लगाया भरमाया प्यारा सावन।
तेरी कजरी सुनकर जाना आया है प्यारा सावन।

उलझे लट सुलझे जो तेरे

संजय कुमार राव
(पता :- गोरखपुर, उत्तर प्रदेश)

चेहरे पर फैली है आभा, अधर गुलाबी जाम हुआ।
उलझे लट सुलझे जो तेरे, नाहक मैं बदनाम हुआ।

काली कजरारी आँखों की छवि कितनी मनभावन है।
तेरी अनुमति लेकर जैसे आज बरसता सावन है।
कुंतल तेरे जब लहराए, मेघों में संग्राम हुआ।
उलझे लट सुलझे जो तेरे, नाहक मैं बदनाम हुआ।

चारु चपलता, चंचल चितवन, चाल तेरी ये मस्तानी।
मधुर मनोहर मीठी बोली, कर देती है दीवानी।
तू 'राधा' बन इत-उत डोले, मन मेरा 'घनश्याम' हुआ।
उलझे लट सुलझे जो तेरे, नाहक मैं बदनाम हुआ।

मोहक तेरा रूप सलोना, उसपर ये सजना-धजना।
चंदा भी देखे तो शायद, दे डाले दिल वो अपना।
काजल की रेखा गहराई, दिवस बिहँसता शाम हुआ।
उलझे लट सुलझे जो तेरे, नाहक मैं बदनाम हुआ।

मैंने है तेरा नाम लिखा

संजय कुमार राव
(पता :- गोरखपुर,
उत्तर प्रदेश)

स्वर्णिम स्नेहिल किरनों से मैंने है तेरा नाम लिखा।
चंदा तारों के संग मिलकर आज सुबह से शाम लिखा।

तेरा मोहक रूप सलोना, तेरा यौवन शर्मीला।
रक्तिम आभा चेहरे पर है, तेज तुम्हारा गर्वीला।
स्वेदबिन्दु से तेरे है छलका ये कैसा जाम लिखा।
स्वर्णिम स्नेहिल किरनों से मैंने है तेरा नाम लिखा।

तेरा मर्यादित विचरण औ तेरी मधुरिम सी बानी।
तेरा आकर्षण सचमुच हर लेता आँखों का पानी।
आज प्रेम के अश्रुबिन्दु से मैंने है पैगाम लिखा।
स्वर्णिम स्नेहिल किरनों से मैंने है तेरा नाम लिखा।

ओ कज़रारे नैनों वाली, तेरे सुन्दर लट प्यारे।
जाने कितने देख देखकर इनपर अपने दिल हारे।
प्रणय निवेदन नहीं वरन् मैंने तो ये निष्काम लिखा।
स्वर्णिम स्नेहिल किरनों से मैंने है तेरा नाम लिखा।

वोट

चन्दन केशरी
(पता :- झाझा, जमुई, बिहार)

नेता जनता को बताते, शहर की बदलेंगे काया।
नेता घूम रहे हर तरफ, लगता अब चुनाव आया।।

पाँच वर्ष जो नज़र न आए, आ रहे हैं मेरे द्वार।
वोट हेतु घूम रहे हैं, साथ कार्यकर्ता चार।
बन बैठे समाजसेवी, जिसमें भरे हुए हैं खोट।
जो समाजसेवा करे न, उसको कैसे दे दूँ वोट।।

आम जनता पर यहाँ, भ्रष्टाचार की मार है।
जनता असहाय यहाँ, क्या करे, लाचार है।
बढ़ते भ्रष्टाचार पर, जो यहाँ करे न चोट।
जो बैठा रहता है चुप, उसको कैसे दे दूँ वोट।।

कुछ नेता यूँ ही है आते, खान-पान प्रबंध कराते।
चंद रुपये खर्च करके, वो जनता को लुभाते।
चुनाव आए, नेता लाए ; काजू, पिस्ता या अखरोट।
खिला-पिला कर वोट माँगे, उसको कैसे दे दूँ वोट।।

नोट के ही बलबूते, जीतने की जिसको आस।
नोट दिखाकर वोट माँगे, क्या करेंगे विकास?
वोट बिकाऊ नहीं है मेरा, नहीं चाहिए एक भी नोट।
जो भी होगा श्रेष्ठ सभी से, उसको ही मैं दूँगा वोट।।

आम जनता से जुड़कर, समस्या को सुलझाएगा।
नेताओं की भीड़ में, वही विजय हो पाएगा।
आवाज़ जो उठाएगा, जो रोकेगा लूट-खसोट।
जो जनता के काम आए, उसको ही मैं दूँगा वोट।।

धन्यवाद

www.ingramcontent.com/pod-product-compliance
Lightning Source LLC
LaVergne TN
LVHW072319081026
849580LV00029B/1827
* 9 7 9 8 8 9 5 4 4 1 0 8 4 *